一分钟
面对面
识人

写给HR和猎头们的
超级实用工具书

王春圆 著
张 浩 插图

上海交通大学出版社
SHANGHAI JIAO TONG UNIVERSITY PRESS

内容提要

本书作者结合教练技术、心理学测评4P、DISC、MBTI等流行的测评工具,研发出最新技术,只通过一分钟面对面对视就能看出对方性格等5方面信息。这个技术还可以帮助HR、猎头和管理人员在短时间内看出对方当下的情绪和压力、原生家庭的影响、身体病痛、内心期待等内在更深层的信息。这些信息在传统的面试中较难在短时间内获得,却往往会影响其职场表现。因此,这种技巧非常适合HR和猎头用于挑选应聘者与候选人,找到适合岗位的最佳员工;也适合团队领导者用于构建自己的团队。

本书适合带领团队的领导人、HR、猎头,以及对心理学感兴趣的读者阅读。

图书在版编目(CIP)数据

一分钟面对面识人:写给HR和猎头们的超级实用工
具书 / 王春圆著.—上海:上海交通大学出版社,
2018(2020重印)
ISBN 978-7-313-18514-3

Ⅰ.①一… Ⅱ.①王… Ⅲ.①人才管理学—通俗读物
Ⅳ.①C962-49

中国版本图书馆CIP数据核字(2017)第302201号

一分钟面对面识人——写给HR和猎头们的超级实用工具书

著　者:王春圆
出版发行:上海交通大学出版社　　　　　　地　址:上海市番禺路951号
邮政编码:200030　　　　　　　　　　　　电　话:021-64071208
印　制:上海天地海设计印刷有限公司　　　经　销:全国新华书店
开　本:880 mm×1230 mm　1/00　　　　　印　张:6.75
字　数:148千字
版　次:2018年1月第1版　　　　　　　　 印　次:2020年1月第5次印刷
书　号:ISBN 978-7-313-18514-3
定　价:48.80元

序

One day Anne attended my coaching salon. I remembered she asked me a question in English and was very impressed by her adequacy in English. At that time, since I need a translator in my coming course, I invited her to be my course translator.

有一天，Anne参加我的教练沙龙。我记得她用英文问了我一个问题。当时我就觉得她英文很流利。刚好我需要找一位翻译，所以我就邀请她帮我做课程翻译。

Since 2014 till 2016, she translated for 3 terms of my program. She did good jobs.

从2014到2016年，她一共为我做了3次课程翻译。她做得非常好。

In the course I always shared my personal story that why I came to China in the first place. It is not because I planned it, but surprisingly because of my 100 dreams and 100 action plans. Every time I told this story, my students were inspired and eager to try it out themselves. Years later, many students told me a lot of their personal dreams came true!

　　在课程中，我总是与学员分享我为什么要来到中国的故事。并不是我计划要来中国，而是因为我在写完100个梦想和100个行动计划之后，我就有来中国的想法了。每次我讲这个故事的时候，我的学生们都被深深激励，也迫不及待地尝试去写100个梦想和100个行动计划。几年后，我的很多学生都告诉我，他们的梦想真的实现了！

Anne is not the first person who finished writing down what her 100 dreams and 100 plans are, and she is also not the first person to finish 1,000 times face centering. But she is the first person who treated face centering seriously and has become so determined and enthusiastic to integrate the systems and principles underneath for the benefit of others. She has shared her research in coaching course soon after she finished 500 times practice. Her great efforts and interest have paid off by her producing this lovely book—*One Minute People Reading*.

　　Anne不是第一个完成100个梦想和100个行动计划的，当然，她也不是第一个完成1 000次面对面中心练习的。但是她是第一个这么认真对待面对面中心练习的人，并且她非常有决心和热情，整合出一套体系和背后的原理，使其可以帮助更多的人。她在完成500次面对面中心练习之后，就在教练课程中分享了她的研究。她这本可爱的书《一分钟面对面识人》，是她的努力和兴趣的成果。

As an American, I am spending most of my time in China to encourage and advance the Chinese Coaching culture now. I own the biggest coaching company in South Korea and China. And my mission is to help more and more people to become better world class coach and world class leaders.

作为一名美国人，我现在很多时间都是在中国，鼓励和推动中国的教练文化。我在韩国和中国都拥有最大的教练公司。我的使命就是要帮助更多人成为更好的世界级教练和世界级领袖。

I am very happy to see that Anne finally finished writing down her 100 dreams, 100 action plans and even finished her first book.

我非常开心看到Anne终于完成了她的100个梦想和100个行动计划，甚至完成了她的第一本书。

I am also glad to witness her growing into a professional coach, continuously building and strengthening her coaching competencies to help people and tirelessly promoting coaching culture.

我也非常开心目睹她一路成长为专业的教练，不断提升和加强自己的教练能力，去帮助他人，不遗余力地推广教练文化。

I also heard she will write four other books base on people reading skills, for interview, sales, match making and family education.

我也听说她将根据对视技术完成4本书——面试招聘、销售、相亲和亲子教育。

Wish her all the best and may her book help more people to improve emotional quotient and spiritual quotient.

祝福她，也期待她的书可以帮助更多人提升情商和灵商。

Paul Jeong 博士

国际教练联盟（ICF）的大师级教练（MCC）

国际教练协会（IAC）的大师级教练（MMC）

北京亚细亚高智企业管理咨询有限公司的创始人

（CEO of Asia Coach Center）

www.gcoaching.com

2017 年 11 月 6 日

插画师的序

我是一个靠画画为生的杂家，个性孤僻，桀骜不驯。在视觉领域从事过很多相关的职业，原画、插画、动画、漫画、概念设计、摄影、视听语言等，风格多变，只有你想不到，没有我做不到。从业10多年，在圈内见到过许多投机者、浑水摸鱼者、鱼目混珠者，但作为一个有态度的杂家，我一直坚守着自己那份所谓的职业道德。在为Anne的新书《一分钟面对面识人》画插图之前，我也接触过一些书的插图内容创作，但因为价值观不匹配，都被自己的职业操守挡在了门外。

当我第一次接到Anne的邀请来为《一分钟面对面识人》画插图的时候，其实我是想拒绝的。因为我觉得不能你叫我画我就马上画，第一我要看一下这是一本怎样的书，我又不想画那种常见的商业插图，那画面"Duang！！"很low，很弱，很烂！结果内行一眼就看出来，这又是个培训班出来的廉价画师画的。证明这人是个外行，蒙事的。我说先让我看一下书，考虑考虑。看了之后我才知道这是一本让你更了解自己和世界的书，而且基本都是从实例出发，从个案总结出来的。看完之后，我也试着用学到的技巧来剖析自己，去跟外界更好地沟通。一个月下来，我觉得自己有点变化。朋友们也觉得我比以前更平和一些了。现在我还每天试着去做练习，我还推荐给我身边的朋友去看：来，来，来，大家试试看！于是我跟 Anne 讲，这个插图我可以画，而且必须是我来画。因为我也要参与进去，用心去画好书中的插图，不能像那些市面上的商业插图一样，拉低了整个书的水准。

因为对书的内容足够了解，所以在前后差不多两个月的创作周期内，我个人是精神饱满地去创作，非常愉快地来工作。在插画绘制全部结束的那一刻，我感觉自己完成了一个伟大的使命。

最后，要感谢 Anne 对我的信任，因为在创作期间，Anne 基本都是以我的想法为主，从不干预我的思路和表现手法。这一点非常难得！不仅让我觉得被尊重，同时也能彻底发散开思维，尽情地创作。这在以往那些不懂装懂的甲方那里是根本无法获取的。这里必须要给 Anne 点赞了。也希望《一分钟面对面识人》能被广大读者点赞。

PS：如果喜欢书中的插图，也别忘了给我好评哦！

我的微博：@蟹大佐佐   邮箱：15769244@qq.com

插画师

张 浩

前　言

　　如果在 2016 年 3 月之前，有人跟我说，我具备一种能力，一分钟就能看出任何陌生人的性格，我一定会笑死，以为对方在开玩笑。

　　然而，从 2016 年 3 月开始，我真的做到了只用一分钟就能轻松识别陌生人的性格。目前，我已经看了超过 1 400 个陌生人，从 3 个月的小宝宝，到 80 多岁的老先生。不仅如此，我还开始了"一分钟面对面识人"的公开课，也做一对一辅导，提升学员洞察陌生人性格的能力。后来，我进入企业，用一分钟识人，帮助企业中的领导筛选候选人，帮助 HR 面试。原本平静的生活，就因为一分钟彻底改变了。参加课程的学员们都快速掌握了这项技能，也做到了一分钟精准看出对方的性格。

　　而今天，我不仅成为专业的培训师，我甚至开始写人生中第一本书了。后来我还登上 TEDx 的舞台，成为了分享佳宾（演讲视频见封面勒口二维码）。

　　短短一分钟，从此我的人生彻底改变了。

　　"一分钟面对面识人"技术的理论基础是大多数 HR 都很熟悉的，或者是社会上流行的心理学测评及其工具。我所做的，

就是灵活运用测评工具的内容，通过看陌生人的眼睛（注意只是眼睛），在一分钟之内，精准识别对方的性格和发现对方更丰富的内在信息（非测评问卷可获得的信息）。

"一分钟面对面识人"厉害的地方是，只用一分钟看对方眼睛，就能看到5个层次的信息，依次是：

- 性格特征。
- 近期情绪和压力。
- 身体病痛史。
- 原生家庭的影响。
- 对未来的期待（3到5年，甚至更久）。

这一技巧，需要跟人建立很深的链接，最终会提高你的情绪智商（Emotional Quotient）和灵性智商（Spirit Quotient）。

在《高效能人士的第八个习惯》中（中国青年出版社，2010年10月，第二版，P48），史蒂芬·柯维提出，人类的四大天赋才能是：

- 智商 IQ。
- 体商 PQ。
- 情商 EQ。
- 灵商 SQ。

通过"一分钟面对面识人"的技术，可以看出 5 层信息，第一和第二层对应提升情商，第三、四、五层对应提升灵商。

我有很多次跟陌生人对视一分钟，就把对方看哭了，或者给对方三言两语的反馈，就让对方感动得落泪。我想，这是因为我看到了他们的内在，看到了他们的真我（true self）。

写这本书最初的目的，是给参加课程学习的学员们做教材。后来，我的想法改变了。人的一辈子很短，我的人生只剩下不到 2 万天了，多做些美好的事情吧。书里面所有的内容，都不是我的发明，仅仅是我的发现。它们不属于我一个人，它们属于大家。既然这么多人对"识人"的话题感兴趣，就让这本书带着所有的"秘密"，去支持更多的人吧！哪怕读者通过阅读并没有做到"一分钟面对面识人"，只有一点点感悟，或者仅仅认同书里的一句话，就已经是很好的一件事了。

写这本书的起心动念，不是出版畅销书，也不是成为畅销书作者，而是以下三点：

一是对自己 500 多天坚持做一件事的一个总结。

二是感恩一路上支持我的老师们、朋友们和跟我对视的 1 400 多位陌生人。

三是希望对读者们有一点点帮助。

如果本书的书名能吸引大家翻开这本书，希望大家在阅读的过程中，能有一点点收获，是的，一点点就够了。

这本书是我的第一本书，是处女秀。对于写书，我真的没什么经验。虽然我在本科和硕士期间，还有在大学做讲师的时候，都发表过论文，可是这本书，真的像是我的孩子。

大家怎么可以更好地认识了解我的这个孩子呢？

如果您想了解理论，请直接阅读第二章。

如果您想了解我为什么会开始去看陌生人，为什么有学员愿意付费参加课程，而且口碑还不错，又为什么会开始写这本书，请直接阅读第三章，里面有很多真实的案例。

本书中的案例都是匿名的。因为这些跟我对视一分钟的陌生人，基本都没有给我留联系方式，而且在当时，我根本也没有写书的想法。所以如果您看到跟您类似的经历，并且您跟我做过一分钟的对视，如果您对于文字有任何疑义，或者任何想法，都可以跟我联系。

如果您想了解如何在面试中运用"一分钟面对面识人"的技术，可以阅读第五章。

如果您有很多疑问、好奇，甚至是怀疑，都欢迎您阅读第六章的学员问答。当然，如果您在阅读本书之后，还有任何问题，非常欢迎您发来邮件进一步交流。

希望这本书，可以帮助团队领导和 HR，在面试的时候，更加精准地了解面试者的性格、情绪、思维模式等。甚至在谈薪资的时候，在裁员的时候，在与投资方谈判的时候，都可以通过短短的一分钟，就了解对方内在的性格、品格、为人处世的风格和价值观，以及当下的情绪等信息。

希望这本书，可以帮助猎头更加清晰地了解客户的行为偏好，更好地匹配客户需求，真正满足客户的期待，甚至可以跟客户成为朋友。

希望这本书，可以在某种程度上帮助被面试者，了解HR或者团队领导，在面试过程中有更好的表现。

希望这本书，可以在一定程度上，帮助更多人了解你们的家人、朋友、同事，知道如何与他们更高效地沟通。

当然更重要的是，通过了解他人，我们可以反观自己，因为世界是一面镜子，只有更多地了解自己，才能活出自己生命的价值和意义。

人的内在丰富多彩，让我们通过一分钟，做镜子，照出他人的内在，与他人迅速建立链接和信任，走入每个人的内心吧！

我的邮箱：76494096@qq.com，新浪微博：@一分钟面对面识人。希望体验一分钟对视或者参与视频拍摄的小伙伴，欢迎邮件联系。

Anne Wang

2017 年 7 月 16 日于上海

目 录

第一章　一分钟可以做什么?
　　　　看到任何陌生人的性格!!!　　　　　　　　　　/ 001

第二章　实打实的理论篇:背后的理论知识　　　　　　/ 006

　　　　4P 理论　　　　　　　　　　　　　　　　　/ 007

　　　　DISC 理论　　　　　　　　　　　　　　　　/ 010

　　　　PDP 理论　　　　　　　　　　　　　　　　/ 011

　　　　性格色彩分析　　　　　　　　　　　　　　　/ 012

　　　　MBTI　　　　　　　　　　　　　　　　　　/ 012

　　　　荣格的潜意识　　　　　　　　　　　　　　　/ 016

　　　　学习风格偏好决定你能学得多快,学得多好　　/ 025

　　　　情绪智力　　　　　　　　　　　　　　　　　/ 030

　　　　神奇的大脑　　　　　　　　　　　　　　　　/ 032

　　　　神奇的肽　　　　　　　　　　　　　　　　　/ 035

　　　　四种力量:脑、心、腹、手　　　　　　　　　/ 037

　　　　肌肉测试　　　　　　　　　　　　　　　　　/ 040

　　　　相关的书　　　　　　　　　　　　　　　　　/ 042

第三章　无往不胜的实例篇：我从知道到做到，
　　　　就是这么简单和任性　　　　　　　　　　 / 043

《一分钟面对面识人》的来历　　　　　　　　　 / 043

带着相信的力量实现梦想　　　　　　　　　　　 / 049

看到性格的优缺点　　　　　　　　　　　　　　 / 050

看到当下及过往的情绪及压力　　　　　　　　　 / 067

感受到对方身体的病痛史　　　　　　　　　　　 / 077

看到原生家庭的影响及看到画面　　　　　　　　 / 083

看到对未来的期待　　　　　　　　　　　　　　 / 090

看相片识人　　　　　　　　　　　　　　　　　 / 098

第四章　自我沉淀的心得篇：练习，练习，再练习　 / 102

完成 1 000 人改变了我的生活　　　　　　　　　 / 105

完成 1 000 次对视提升了我的情商　　　　　　　 / 108

期待看到不同国家的人群，拥有看世界的眼睛　　 / 111

第五章　令人羡慕的实操篇：面试招聘时的运用　　 / 113

面试　　　　　　　　　　　　　　　　　　　　 / 114

高潜力人才储备　　　　　　　　　　　　　　　 / 128

谈薪资与激励　　　　　　　　　　　　　　　　 / 133

裁员，与投资方谈判，接班人培养　　　　　　　 / 139

猎头　　　　　　　　　　　　　　　　　　　　 / 140

走进企业内部　　　　　　　　　　　　　　　　 / 140

第六章　讲台上的传授篇：公开课辅导学员　　/ 145

　　　　学员的提问及我的回答　　　　　　　　/ 146

　　　　如果有人质疑怎么办　　　　　　　　　/ 171

第七章　突飞猛进的培养篇：一对一辅导学员　/ 172

　　　　如何跟陌生人打交道　　　　　　　　　/ 172

　　　　注重场域　　　　　　　　　　　　　　/ 174

　　　　树立自信心　　　　　　　　　　　　　/ 174

　　　　相信自己的身体感受　　　　　　　　　/ 179

　　　　及时调节能量　　　　　　　　　　　　/ 180

第八章　学员心声　　　　　　　　　　　　　　/ 182

附录　　4P测评　　　　　　　　　　　　　　　/ 189

后记　　　　　　　　　　　　　　　　　　　　/ 195

第一章
一分钟可以做什么?
看到任何陌生人的性格! ! !

是的,我用了3个感叹号! ! !

每当我与陌生人对视,做出反馈之后,基本上大家会有3种反应:

第一种反应是: 你是怎么知道的?

第二种反应是: 我还有什么需要改善的吗?

第三种反应是: 你是学心理学的吗?

当一个陌生人(包括外国人)有这样的反应时,说明我真的看出了他们的性格。

我在 Toastmasters 国际英语演讲俱乐部(更多详情,请登录官网 www.toastmasters.org),有一个认识多年但是不熟悉的朋友,名叫 Steven。一直对他的固有印象是很有领导能力,善于交际,在 Toastmasters 国际英语演讲俱乐部里见到任何人都会主动开口打招呼,性格非常外向开朗。当然,大家也都非常喜欢他。

后来他应邀参加了"一分钟面对面识人"课程。他是我课堂上第一个跟我做 demo(示范)体验一分钟对视的学员。

一分钟计时开始。

刚开始看他几秒钟我就发现,原来他并不是天生具有领导力的。他的眼神中透露出的是责任感,关注细节,对自己高要

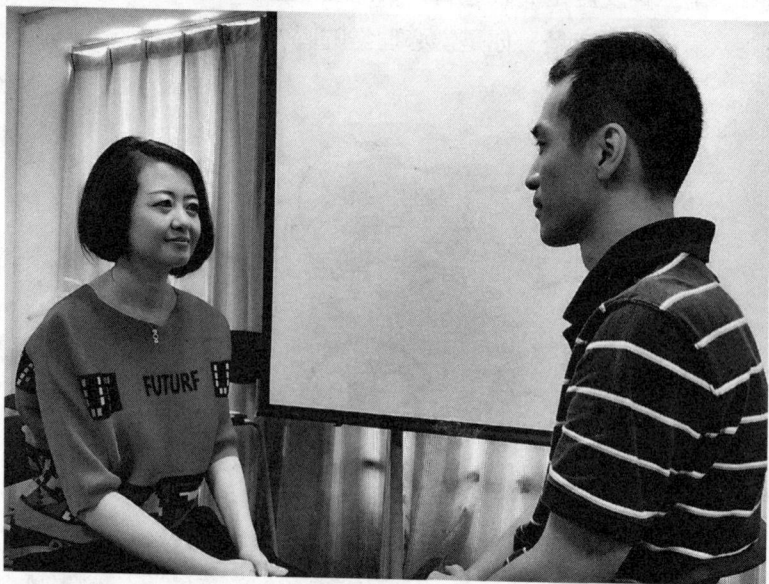

求、高标准。原来他更喜欢一个人不断钻研和探索，原来他并不是一个性格那么开朗的人，原来他是一个注重自我思索的偏内向的人。同时，我还感受到他最近有压力。

一分钟到了。

我对Steven说了3句话：

第一句，你的领导力来自后天的培养。

第二句，你的内在天性是很有责任心，认真细心，喜欢钻研思索，更喜欢一个人独立完成工作，不喜欢带领团队。

第三句，你最近有些压力。

Steven听到我的反馈，用了"震撼"这个词。他说他最近刚刚做了一个决定，就是刚换了一个不同工作范围的职位，不想再带领过多人的团队。他说感觉带团队挺累的，最后还是决定选择去做更能平衡工作和生活、更适合自己的那份工作。

在课程结束后的反馈表上，Steven这样写道：

为了完成我的目标——看1 000个陌生人，我真的去咖啡厅和陌生人搭讪。在这个过程中，我也总结出了一套万能话术（第六章中有详细介绍），超过九成的陌生人，都会同意跟我对视整整一分钟。

一天，我看到一位男士一个人坐在咖啡厅喝咖啡。我就走上前，自信地讲了一遍话术。他很有兴趣，并很有礼貌地请我坐在他的对面，然后进行一分钟对视。让我们叫他Alex。

一分钟计时开始。

首先，我看到的是Alex的眼神非常坚定，同时也有探究和钻研的气质。但是他的眼神并没有给我咄咄逼人的压迫感，反而让我感到平和与舒服。而且他还有一对可爱的小酒窝。稍后的几秒，我又感受到他目前还是很有压力的。

一分钟结束。

我给Alex的反馈是4句话：

第一句话，你具有天生的领袖气质，是非常好的团队领袖。

第二句话，你非常注重专业、品质、细节，喜欢钻研思考。

第三句话，你很注重人，内心平和、不急躁，可以平衡好事业和家庭。

第四句话，你虽然最近有些压力，不过很有信心去面对，去解决。

Alex听了我给他的反馈，觉得我分析得非常到位。他说他做了14年的化妆品销售，的确一直带领团队，同时也很注重团队的培养。目前正在筹办自己的化妆品公司。所以他特别问我，还有什么可以提升的地方。

我回答说，如果是创业，做自己的化妆品品牌，还需要一个合伙人去弥补他社交和市场推广的这部分不足。他虽然做了14年的化妆品销售，但是骨子里不是很喜欢社交场合。就算社交，也是带着目的去的，有选择性地社交。

Alex听了我的分析，频频点头。后来Alex也成了我课程的学员。

一分钟，很短。

一分钟，也很长。

在一分钟内，能够看出很多信息。你想跟我一样，具有这样的能力吗？如果您想了解背后的理论，请继续往下看吧。如果你想了解《一分钟面对面识人》的来历，请直接看第三章。

第二章
实打实的理论篇：背后的理论知识

理论这部分，并不是本书的重点。

首先，这些理论都不是我的发明。

其次，本书的重点，是教会大家如何运用这些理论，用一分钟就看出对方的性格和更深层次的信息。买一台电脑回家，只需要知道如何操作就可以了，不需要从电子元器件、电路等开始学习。这本书更接近一本自学手册，或者参加过课程学习之后的练习册。这本书可以让你通过不断练习，在识人方面，有很大的提升。但是，为了能够真正掌握这个高效的识人技术，我们必须了解背后的理论基础。

最后，市面上、网络上对这类理论的介绍、分析、测评等，有非常丰富的资源，不需要我赘述，所以本书对理论只做一个简介。

理论部分包括：性格识别方面的4P理论、DISC理论、PDP测试、性格色彩分析、MBTI理论和荣格的潜意识、情绪智力、大脑的四种波、肽、肌肉测试等大家不太了解的理论。

如果你掌握了性格识别的理论，你可以通过30次左右的练习，轻松识别任何人的外在显现和内在隐性的性格。如果你掌握了书中提到的其他理论，你就可以看到第二层到第五层的信息。当然，需要大量的练习。

我能看到的信息，分为5层，即：

（1）性格特征。

（2）当下的情绪和压力。

（3）原生家庭的影响。

（4）身体病痛史。

（5）对未来的期待（3到5年，甚至更久）。

首先来看一下，本书的重点理论依据4P理论。

4P 理论

教练技术培训老师Paul Jeong博士，在他的CPCP教练技术中把人的性格分为4个类型，分别是：

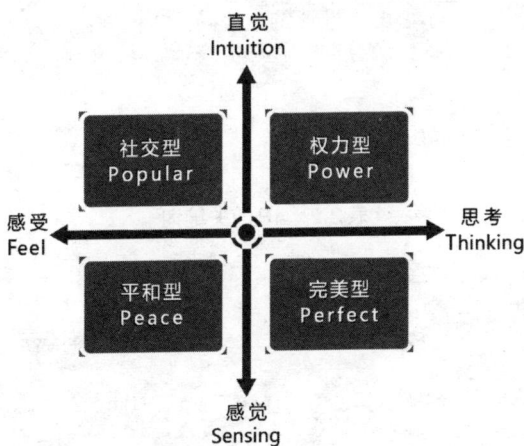

图2.1 4P理论

- Power 权力型。
- Popular 社交型。
- Peace 平和型。
- Perfect 完美型。

书后附录中有4P测试表格，请参考。

4P的性格特征如表2.1所示：

表2.1 4P的性格特征

Power 权力型	坚决的，果断的，挑战的，武断的，傲慢的，要求高的，有洞察力的眼睛，容易发火，善于利用业余时间
Popular 社交型	有趣的，有影响力的，灵活的，给人深刻印象的，富于想象力的，有说服力的，闪烁的眼睛，永远快乐，反应过度，情绪化，善于穿着打扮
Peace 平和型	志愿的，敏感的，忠诚的，稳定的，害羞的，可爱的，体贴的，喜欢舒适的环境，几乎不发火，喜欢睡觉，负责
Perfect 完美型	小心的，批评的，精确的，保守的，熟练的，慎重的，精明的，顺从的，不喜欢谈论自己，总是思考

4P的关键词如表2.2所示：

表2.2 4P的关键词

Power 权力型	希望、价值
Popular 社交型	感激、有趣
Peace 平和型	信任、安全感
Perfect 完美型	责任、提升

我在做"一分钟面对面识人"的培训时，各种性格特点的学员们也会写下他们喜欢做的事和不喜欢做的事，总结如表2.3所示。

表2.3 4P性格对比

Power 权力型	喜欢赚钱，喜欢准时，自己可以不准时，但不喜欢别人不准时，喜欢看别人劳动	不喜欢拖沓，不喜欢浪费时间，不喜欢低效率，不喜欢等待，不喜欢虚伪
Popular 社交型	喜欢讲话，喜欢漂亮、感性，喜欢有趣的事情	不喜欢束缚
Peace 平和型	喜欢安全感，喜欢舒适	不喜欢有压力，不喜欢选择，不喜欢争论，不喜欢新环境，不喜欢动脑筋，不喜欢谈价格，不喜欢被欺骗
Perfect 完美型	喜欢安全感，喜欢思考，喜欢数据分析，喜欢有逻辑性	不喜欢压力，不喜欢人情世故，不喜欢变来变去

看到这里，您是不是开始对号入座了？

也许你会说，啊呀，我就是那个性格的，就是我的真实写照啊！

也许你又会说，啊呀，怎么每个都跟我很像啊，我到底什么性格啊？

也许你还会说，这种性格分类是过度的刻板印象，可供参考的价值不高吧，毕竟人都是会变的。

其实，性格分析只是一个大的方向。不是所有人都只有一个突出的P的性格。如果给每个P打一个分数（1到10分），很少有人会一个P很高的分数，另外三个P为0分的。一般人都是4个P都有分数，有的2～3分，有的6～7分，只是分值不同，每个人的4P分数分布不同而已。

当然，也不排除有相同分数的可能性。我也见到过有人3个甚至4个P的分数几乎都一样。

大家可以结合本书附录中的测评表，进一步理解4P理论。如果还有什么问题，也欢迎给我发邮件。

DISC 理论

我是先接触了4P之后，才知道有DISC这个测评的。相信很多HR、讲师和心理学的爱好者们，应该更加熟悉这个测评。

DISC的性格测试也把人的性格分为4类，分别是：

- 支配型（Dominance）。
- 影响型（Influence）。
- 稳定型（Steadiness）。
- 遵从型（Compliance）。

其实4P跟DISC对于性格的分类基本一致。对应关系如下：

支配型（D）=Power权力型

影响型（I）=Popular社交型

稳定型（S）=Peace平和型

遵从型（C）=Perfect完美型

看图片，可能更容易理解（见图2.2）。

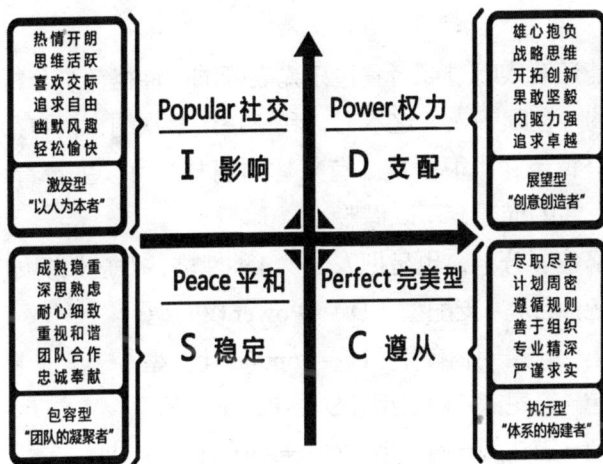

图2.2 4P与DISC对比

有更多兴趣的朋友们，请自行上网搜索DISC的免费测评。

PDP理论

市面上还有一种用动物命名的PDP（Professional Dynamitic Program）行为风格性格测试，也是将性格分为4种类型：老虎、孔雀、无尾熊和猫头鹰。对应的方式如下：

老虎＝支配型（D）=Power权力型

孔雀＝影响型（I）=Popular社交型

无尾熊＝稳定型（S）=Peace平和型

猫头鹰＝遵从型（C）=Perfect完美型

网络上有免费测试，大家有兴趣的，可以再做一遍。

性格色彩分析

可能还有人听过或者看过乐嘉老师的"性格色彩分析"。对于乐嘉的《色眼识人》这本书，我还是蛮喜欢的，语言很轻松，故事很有特色，也很丰富。有兴趣的朋友们可以去看看。尤其是对于人性的描述，可以借鉴。

性格色彩分析，也是把人分为4种性格，对应情况如下：

黄色＝老虎＝支配型（D）=Power权力型

红色＝孔雀＝影响型（I）=Popular社交型

绿色＝无尾熊＝稳定型（S）=Peace平和型

蓝色＝猫头鹰＝遵从型（C）=Perfect完美型

网上也有很多资料。喜欢研究的朋友们，可以去进一步了解。

MBTI

这个测评也是全球最流行的测评之一。这个测评是美国心理学家凯恩琳·布里格斯（Katharine Cook Briggs）和她的女儿伊莎贝尔·布里格斯·迈尔斯（Isabel Briggs Myers）制定的。她们在荣格（Carl Jung）的性格理论的基础上做出研究，一共有8个指标（见表2.4），16种性格分类，按照英文的字母排列。网络上有在线测评,可以通过测评进一步了解自己的性格。

表2.4 MBTI类型指标介绍

维 度	类 型	相对应类型英文缩写	类 型	相对应类型英文缩写
1	外向	E	内向	I
2	感觉	S	直觉	N
3	思维	T	情感	F
4	判断	J	知觉	P

这里提到MBTI的目的是对应前面介绍的4P理论。本书以4P理论为主,因为更简单,更容易记忆和理解。MBTI跟4P理论有对应关系,用十字象限表示,如图2.3所示。

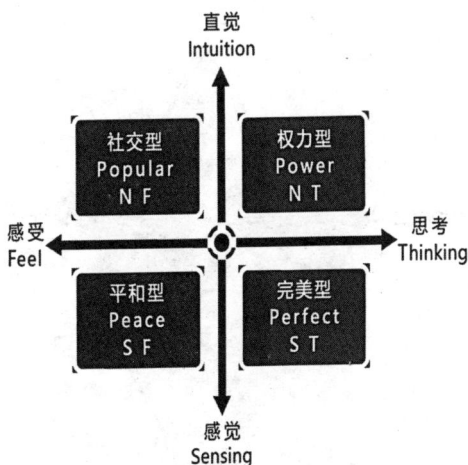

直觉
Intuition

社交型
Popular
N F

权力型
Power
N T

感受
Feel

思考
Thinking

平和型
Peace
S F

完美型
Perfect
S T

感觉
Sensing

图2.3 MBTI和4P对应关系

也有人说，4P 是外在的性格，容易改变。MBTI 是内在的性格，不容易改变。

我部分同意这个观点。

在我看的 1 400 多人的实际案例中，4P、DISC、MBTI 等这些测评，每个测评都会有一个显性和隐性的概念。人的性格就好比冰山，有一部分是露在水面上的，还有一部分是在水面下的。不是说用 4P 测评测出来的就是显性性格，用 MBTI 测出来的就是内在的隐性并且不变的性格；不是说哪个测评就一定能够测出外在性格，哪个测评一定是测出内在性格。测评的结果，是与这个测评的人当下的状态直接相关的。

如果这个人是在巨大的压力之下做测评，跟舒适感受下的测评结果，是会有很大差别的。另外，如果这个人知道选择什么选项会产生什么结果，比如选择 A 就可以成功面试，选择 C 就可能无缘这份美差，那么测评就一定会产生偏差。

所以，任何一个测评都是具有保质期的，也就是说只是反

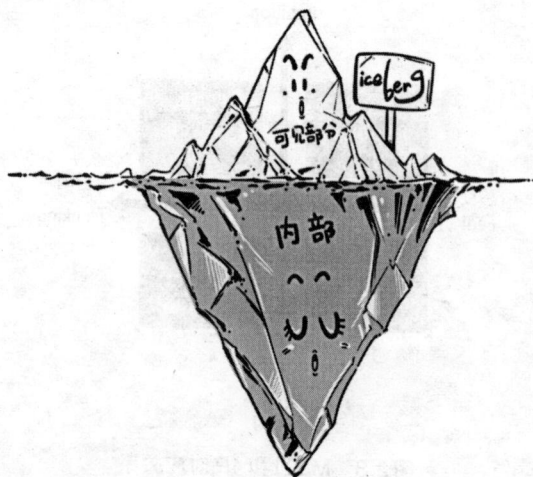

映当下的结果。同时，任何一个测评都会受到测试人当下的情绪状态的影响，也就是说只是反映冰山的某个横截面，并不是冰山的全貌。

所以，大家不必根据测试结果给自己贴标签。

同理，通过"一分钟面对面识人"看到的结果也是反映当下或者近期的性格、情绪等信息。人都是会变的，世界上没有一成不变的人或事，只是变化的程度有差异。

曾经在公开课上，有一个学员也提出这个问题：人的性格是否会变？我的回答是：当然会变。就像婴儿刚生下来，只能喝奶，大一点了可以吃辅食，之后才开始吃米饭，到更大一点，就什么都可以吃了。所以，性格也是随着人的年纪、阅历、环境等改变的。外在性格比较容易改变，内在性格相对不太容易改变，但是如果遇到重大事件，也可能会产生改变的。

在这里总结一下：要带着辩证、发展的眼光看这本书，更要用辩证、发展的眼光看待自己和周围的人。看看我们的心智模式，是开放的心智模式（open mindset）还是固定的心智模式（fixed mindset）？带着开放的心智，我们才可能发展和进步。

荣格的潜意识

荣格大神终于要出场了。我也是很忐忑地写下这些文字。为什么忐忑呢?

第一,在写这本书之前,我完全不了解他,只知道他是个心理学家,连哪个国家的都不知道。但是,当我具备了看人的能力之后,有一个研究 MBTI 测评的朋友说,可以去看看荣格的理论,对我更精准地面对面识人,会更有帮助。所以,我对荣格的认知,时间很短,也很浅薄。所以如果写得不对,写得不好,可以大力质疑我,我会在今后的课程中修正提升,更好地支持大家。

第二,潜意识这个东西也很玄妙。有些人对它赞叹不已,有些人却嗤之以鼻,甚至说它是伪科学。不管怎样,对于潜意识、无意识、意识等定义的解释,不是我的强项。但是我厉害的是,看过的每个陌生人,都说我的反馈是对的。目前,我不知道我是不是真的可以触及任何人的潜意识。我还没有找到这方面的理论支持。如果正在阅读的您是这方面的专家,或者您知道这方面的理论知识,请跟我联系。我需要仔细研究一下,我为什么会有这个能力。也能帮助我更好地教会更多人,提升大家的沟通能力和情绪智力。

荣格对于潜意识部分的分析,重点分为个人潜意识和集体潜意识。

百度百科上对于个人潜意识和集体潜意识的解释如下:

"个人潜意识"是人格结构的第二层,作用要比意识大。它包括一切被遗忘的记忆、知觉和被压抑的经验,以及梦和幻想等。荣格认为个人潜意识的内容是情结。情结往往具有情绪色彩，是一组一组被压抑的心理内容聚集在一起而形成的潜意识丛，如恋父情结、批评情结、权力情结等。

个体潜意识是一个容器，蕴含和容纳着所有与意识的个体化机能不相一致的心灵活动和种种曾经一时是意识经验，不过由于各种各样的原因受到压抑或遭到忽视的内容，如令人痛苦的思想、悬而未决的问题、人际间的冲突和道德焦虑等。还有一些经验，它们与人们不甚相干或显得无足轻重，由于本身强度太弱，当人们经历它们时达不到意识层，或者不能留驻在意识之中，因而都被贮藏在个体无意识里。所有这些构成了个人潜意识的内容，当需要时，这些内容通常会很容易地到达意识层面。

"集体潜意识"是荣格理论中最大胆、最神秘并引起最大争议的概念。理解集体潜意识就理解了荣格理论最核心的部分。集体潜意识反映了人类在以往的历史演化进程中的集体经验，或者用荣格本人的话来说，它是"一种不可计数的千百年来人类祖先经验的成绩，一种每以实际仅仅增加极小极少变化和差异的史前社会生活经验的回声"（荣格1928，第162页）。不仅全部人类历史的各个片断都能在集体潜意识中找到，而且进化为人类的灵长类动物或动物祖先的踪迹也能在集体潜意识中发现。既然集体潜意识产生于全人类具有的或一直都具有的共同经验，那么集体潜意识的内容对于一切人类在本质上都是相同的。荣格说，它是"从任何一种有关于个人的东西中分离出来的，是全人类普遍所具有的，因此它的内容到处都能找到"。

在"一分钟面对面识人"的技术中，目前我会看到个人的潜意识跟童年记忆、父母的教育方式紧密相关。在后续的事例中，会重点跟大家分享。

也许你会问，潜意识对于"一分钟面对面识人"有什么作用呢？

其实在我看人的初级阶段，我不相信我会看到陌生人的潜意识。可是，随着我看人数量的增加，尤其是当我突破500人的时候，我几乎次次都能看到对方的潜意识、对方的内心期待和对方的意图。并且我还可以跟对方的潜意识沟通和对话。一分钟对视结束之后，当我跟对方确认信息时，通常都会得到肯定与认可。

写到这里，用图片跟大家总结一下有关性格识别的理论，方便大家更好地理解和记忆。再多说一句，最厉害的，不是你是否理解或者记住了这些理论，最重要的是练习，练习，再练习。只有大量练习，你才能真正通过对视一分钟，看出对方的性格等5层信息，做到精准识人。

通过问最简单的2个问题，其实就可以判断一个人属于上图哪个象限了。

（1）你在做重大决定的时候，是决定快，还是决定慢？

（2）你是更喜欢跟人一起工作，还是喜欢跟物品一起工作，比如数字、工具、电脑等？

如果做决定快，而且对工作更加专注，不喜欢社交，就是Power权力型。

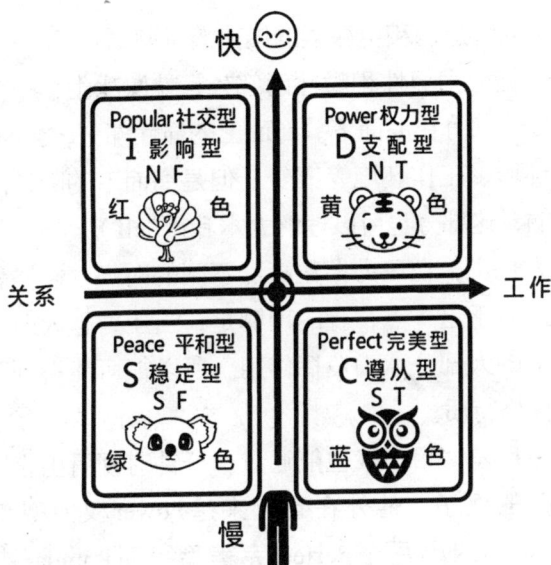

如果做决定快，特别喜欢跟各种不同的人交流，喜欢各种社交活动，就是Popular社交型。

如果做决定慢，深思熟虑，同时很注重他人感受的，就是Peace平和型。

如果做决定慢，深思熟虑，同时更关注逻辑、分析、探究，而不是关注他人感受的，就是Perfect完美型。

是不是挺简单的呢？

但是有人又会说，人的性格哪有那么简单？我到现在还不知道我自己是什么性格。我有时候做决定快，有时候又很慢，都纠结死了；有时候跟大家在一起很开心，有时候自己一个人喝杯咖啡，也很惬意。这样看来，我岂不是4个P的性格都有？你这个分析很不靠谱啊！

正如荣格所说，每个人都有意识层面和潜意识层面。潜意识还分为个人潜意识和更深层的集体潜意识。

所以性格分为显性和隐性两部分。就像冰山，一部分在海面上，更多的部分在海面下。海面上的显性部分，会随着环境，比如家庭环境、工作环境等改变；但是海面下的隐性部分，是几乎不变的，这部分也可以理解为本我（Self）。

有些人也说，在压力指数高低不同的时候，性格表现形式是不同的。对于这一点，我的理解是，当压力越大时，越容易激发海面下的大部分冰山发挥作用。所以很可能看到跟平时极大反差的性格特质。

这部分反差，目前我也能通过一分钟对视看出来。就像开篇的 Steven 的例子。他外在看起来是 Power 权力型和 Popular 社交型，其实内心是个 Perfect 完美型。而 Popular 社交型跟 Perfect 完美型在 4 个象限中的分布是对角线关系，所以，他的外在表现和内心还是有很大反差的。如果能在工作、家庭生活、社交等方面更加注重自己的本我，也就是海平面下面的冰山部分，更加真实地活出本我的状态，那么这个人会有更高的幸福指数。

如果一定要去追求跟自己内在性格特质不同的性格偏好，并不是不可能，只是会花更多精力，花更多能量。下面有 2 个关于改变的公式：

$$改变＝时间＋能量$$
$$表现＝潜能－干扰$$

第一个公式说明，任何改变，都需要经过一段时间持续的能量的增强或者减弱，才能引起改变。就好比烧水，为了能够让水从常温烧开成为沸水，必须持续加热，持续加热就需要一定的时间和一定的热量。同理，如果你希望你的性格有改变，也需要一定的时间和一定的能量。时间不足或者能量不足，都无法实现改变的目标。因此，在决定改变性格之前，你要评估是否值得这么去做。

改变=时间+能量

第二个公式，**表现＝潜能－干扰**，很好地总结了我从2016年3月到现在出书的全过程。

表现，就是外在展现，别人能看到、听到、感受到的各种显现结果。

潜能，顾名思义，就是蕴含在内、还没有发挥出来的能力。

干扰，就是各种阻力、障碍。这些干扰，可以是来自外界的各种不顺利、不配合、不友好，也包括自我内在的不确定、怀疑、后悔，或者身体病痛等挑战。

为什么说这个公式很好地总结了我出书的全过程呢？首先，在我写下100个梦想和100个行动计划，并且最终选出了1个行动计划的那一刻开始，就隐隐感受到我自己的一部分潜能会在接下来的时间内得到开启和发挥。在24小时内开始实施这个计划到完成100次与人一分钟对视的过程中，我面临着各种各样的干扰。首先，有陌生人当面拒绝跟我对视。但是因为是陌生人，所以对我的心理挑战并不大。可是在我继续练习对视，跟曾经一起学教练技术的同学对视的时候，有人竟然当着我的面说我"神叨叨"。当时这"神叨叨"3个字，对我刺激特别大。为此我回家默默掉眼泪。我不理解，我到底做错了什么，我就是继续练习大家都学过的一个方法而已，我怎么就神叨叨了？我差点因此都要放弃这个一分钟的对视练习了。哭完之后，我调整了自己的心态，我对自己说：这个说我"神叨叨"的同学，自己根本就没有大量练习过这个对视方法，看的次数还没有我多，也没有我的经验和心得体会，凭什么说我？有什么资格批评我？我反而变压力为动力，化干扰为动力。之后，我在继续练习对视的过程中，又克服了身体的疲惫，天气的寒冷和炎热。还有些对视的人说我的反馈不对、不准，也曾让我对自我产生了怀疑。所以在完成100个、300个、500个、1 000个、1 400个对视的过程中，就是不断克服干扰，通过大量行动开发潜能的过程。当我克服各种干扰，逐渐展现潜能时，各种外在表现也陆续出现了。目前，我已经开设了近30次沙龙、7次培训课程，总结经验并写书出版，这些看得到、听得到、感受得到的，就是外在表现了。

这里我也想澄清，我写到我的同学，并非借此机会一吐为快，而是希望各位读者了解一些背后的故事，大家在对抗你们自己的干扰的时候，也可以坚定、勇敢，对自己决定要做的事努力到底，而不要因为别人的负面评价而轻易放弃。

为了获得优异的表现，我们要开发潜能，减少干扰，带着坚定的心，为自己的行为负全责。

所以，期待做改变的各位读者，先根据这两个公式，自我分析一下。并且听从自己的内心，勇敢上路吧！

在后面的技术篇，我会重点跟大家分享，如何看出内在的 4P 性格偏好。这个很关键，很重要，很有用。

如果能看出性格特征，就是及格 60 分；

如果能看出情绪和压力，就是 70 分；

如果能看出原生家庭的影响，就是 80 分；

如果能看出对方的内心期待，就是 90 分；

如果能看出对方 3 ~ 5 年的期待，就是 100 分了！

再用一个冰山图，来说明一下我识人的 5 个层次。

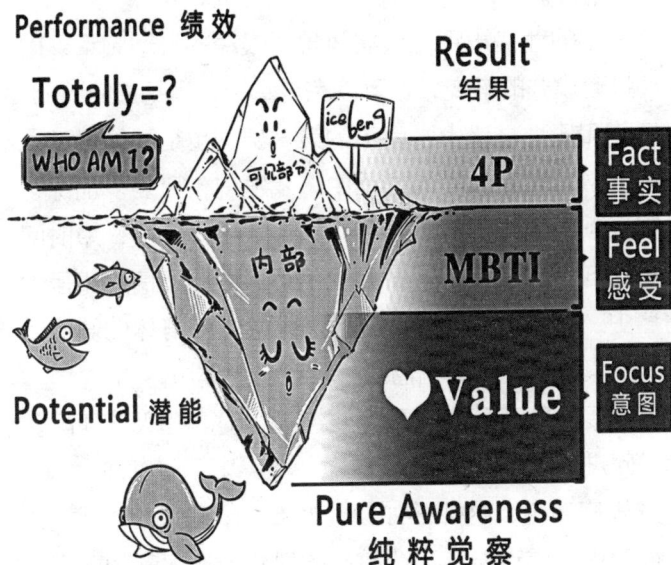

- 性格特征：冰山水面上的可见部分，也就是事实部分。
- 情绪和压力：冰山水面下的感受部分。
- 身体病痛史：冰山水面下的感受部分。

- 原生家庭的影响：冰山水面下的意图部分。
- 内心期待：冰山水面下的纯粹觉察部分。

4P 性格和行为模式是很容易识别的，这其中也包括很多识别人的书中提到的微表情、语音语调、眼神、姿态动作等。因为非常容易识别，所以是冰山水面上的可见部分，也是已经成为事实表现的部分。进一步讲，外在表现是否可以改变呢？当然可以。改变来自冰山水面下各层次的改变。只要下一层改变了，上面的几层都会相应改变。只是改变的明显程度因人而异。这里先不展开。

这一层的性格辨别，只需要学习眼珠的抖动频率，以及在一分钟抖动模式的渐变，就可以完全掌握，也是最简单的部分。

情绪和压力是冰山水面下的第一层，也是通往更深入层次的关键一层。在我教学的过程中，我发现，只要多加练习，就可以感受到对视的人的情绪和压力，一部分学员，短时间后就可以感受到个别对视的人身体的不适。因此，情绪和压力、身体病痛史，都是对应感受部分。情绪会影响身体的健康，同时身体的健康程度也会影响情绪，相互产生作用。

要感受情绪和压力，重点要练习与对方呼吸的匹配。后续还会对此进一步详细说明。

身体病痛史，这部分如何能感受到，很多人觉得很神奇。其实很简单。重点要练习让自己的思想、身体都静下来，关注对方，感受对方。练习之后，你会感受到自己身体某些轻微的振动。这些振动如果严重一些，可能会堵、麻、胀、痛。如果想要提升自己精微感受的能力，我认为冥想是最有效的方法。后续还有很多这部分的案例说明，请耐心地读下去。

原生家庭的影响是冰山下面比较深层次的部分，属于意图、信念和价值观的部分，是第四层。要看到这个部分，不仅需要练习，也需要一些天赋。

原生家庭的影响，这部分练习的重点，是要提升对人、能量和环境的感知能力。语言在这里不足以说明。如果你实在不明白，觉得完全超过了您逻辑思维的理解能力，就把这当故事随便看看吧。下文有很多真实案例，不妨一读。

对未来的期待，这是冰山的底层。在我看来，是最重要的一层。同时，这一层与第一层性格也有着紧密的联系，因为这一层是这个人生命意义的深刻反映。如果你真的能看出每个人行为、语言、动作背后的意图和期待，那沟通就真的会非常高效，而且不会受到外在很多信息的干扰。外在信息包括对方的衣着、开的车、年收入、家庭背景、在组织或者公司中的头衔等。

很多人在平常的沟通当中都会隐藏真实意图，一方面是为了保护自己，另一方面也是为了处于优势地位。因为隐藏了真实意图，沟通中就会产生种种误解。如果你可以在一分钟内洞察对方的真实意图，就会快速建立信任的纽带，实现高效沟通。

要看到他人对未来的期待，重点要练习对他人能量的全面感知。

学习风格偏好决定你能学得多快，学得多好

看到这里，请你先到网上做一下VAKD学习风格测评，再回来看下面的文章。

学习风格偏好的测试有什么用呢？你是如何做决定的，如何学习新知识的，或者如何看待世界的，都可以从这个测试中

获得深入了解。而且最重要的是，这个测评的可信度很高，而且几乎不会受到外在环境的影响而改变。如果你看到这里，觉得很开心，那说明你是一个喜欢分析的Perfect完美型，或者这个P的性格分数很高。我猜对了吗？

VAKD分别是4个英文的首字母大写：

V= 视觉型（Visual）

A= 听觉型（Auditory）

K= 感觉型（Kinesthetic）

D= 内心对话（Auditory Digital）

怎么理解呢？

视觉型的人，对于颜色、图形、线条的理解速度非常快，也容易记忆。

V= 视觉型　　**A = 听觉型**

K = 感觉型　**D = 内心对话**

听觉型的人，对于节奏、声音、音量特别敏感。所以讲话很好听的人，一般都是听觉型的人，当然，他们对于噪声的忍耐度也是最低的。

感觉型的人，对于触觉、身体的感受特别敏感。所以这一类型的人，比较喜欢舒适的物品，也很喜欢拥抱、亲吻等肢体接触。

内心对话型的人，对于逻辑思维、条理分析，特别擅长，所以这类型的人思虑一般都比较重。如果想不明白，是不会做决定的。

VAKD的4个分数会出现不同的分布，所以也就会产生不同的学习风格。测试总分为100分，所以VAKD的4项平均分为25分。

有人是1个单项分值特别高，其余3个相对比较低，比如A超过30分，其他都低于20，说明这是个听觉型（A）的人，很容易受到别人言语的影响。

如果有人是2项或者3项分数差不多，就说明这类人可以同时接收很多信息，并且同时开启相关的模式去加工处理信息。

这里举2个例子。

第一个例子，某人分数分别是：V，21分；A，19分；K，33分；D，27分。

总共100分，最高分是K感觉型33分，最低分是A听觉型19分。这个人的偏好属于感觉型。

假如这个人要买新衣服的话，他/她会直接去服装店，先去摸一摸衣服的面料，试穿一下，然后看一下同款的几种颜色，看一下吊牌上面的介绍和价格，甚至可能上网搜索一下同款的价格。想清楚之后才会去问服务员，有没有优惠活动，哪个颜色更适合之类的。当然在他/她跟服务员聊天的时候，基本上已经决定买还是不买了。

这个例子，就是先从最高分 K 感觉开始，试穿；接着到 V 视觉，颜色；再接下来到 D 内心对话，对比网上价格，或者多去旁边几家店比较；最后 A 听觉，跟别人对话，接收他人的反馈信息。

所以 VAKD 不仅可以测试学习风格、接受信息的风格，同时也可以测试做决定的风格。做决定的时候，是从最高分数的方面开始，一直沿着降序的方式，到第二个高分、第三个高分，最后到最低分值，最终做出决定。如果四个分值中，分值差距越大，说明在做决定或者接收信息的时候，高分方面的影响力越大。如果四个分值的差距越小，说明在做决定或者接收信息的时候，几个方面同时做出影响。

第二个例子。是在我的公开课上，有一个学员 K 和 D 的分数一模一样，都是33分。所以这个学员的学习模式就是要一边学习理论，一边实践。这样的方式，学得最快，效果也最好。如果这个学员做决定，不仅要自己想明白，更重要的是要一边尝试，一边反思，所以在最终决定之前，会先尝试一小步。

讲了这么多理论，到底对"我们一分钟面对面识人"的学习有什么帮助呢？

我们这个识人的工具，是通过观察对方的眼睛进行的。所以K感觉型分值高的人，特别有优势，学得最快。

如果D内心对话型的分值最高的，而且与其他3项的分值差超过5分以上的，基本在短时间内很难理解，也很难学会。因为这个工具更多地依靠身体感受，不是依据理论分析。所以如果你的测试结果是D分值高，说实话，我不太建议你继续学习，因为会花费你非常多的精力和能量，去调整你以前的学习习惯。

但如果D内心对话类型的朋友们一定想要学会，那么恭喜你，你的情绪智力会有全面的提升，会被更多人喜欢和欣赏。在情绪智力方面，会有特别大的突破。因为D类型的人，一旦学会，会特别坚持，而且能把经验和理论完美结合。

所以我本人，非常期待有一天，有一位D分值高的人，能学会"一分钟面对面识人"，然后可以跟我一起，写出更全面、更系统、逻辑性更强的2.0版的书。这个人会是你吗？

情绪智力

刚才提到的情绪智力，也是大有来头的理论。目前情绪智力理论主要有3种：萨洛维（Salovey）和玛依尔（Mayer）的、巴昂博士（Bar-On）的以及尼尔·戈尔曼博士（Danial Goleman）的情绪智力理论模型。

情绪智力（Emotional Intelligence）的概念是由美国耶鲁大学的萨洛维(Salove)和新罕布什尔大学的玛依尔(Mayer)在1990年提出的，是指"个体监控自己及他人的情绪和情感，并识别、利用这些信息指导自己的思想和行为的能力"。

1994年，由于哈佛大学心理学教授丹尼尔·戈尔曼博士（Dr.Daniel Goleman）出版的《情绪智力》(Emotional Intelligence)成为畅销书，情绪智力的表述在全球流行起来。他的研究表明："90%领导者的成功取决于情绪智力。"

1997年，巴昂博士（Bar-on）提出，情绪智力是影响人应付环境需要和压力的一系列情绪的、人格的和人际能力的总和。他和他的追随者们对全球1 254名成功的销售经理进行了研究，并且设计了专门的情商测试。

情绪智力的5种能力是：

1）认识自身情绪的能力

认识自身情绪，就是能认识自己的感觉、情绪、情感、动机、性格、欲望和基本的价值取向等，并以此作为行动的依据。

2）妥善管理自身情绪的能力

妥善管理自身情绪，是指对自己的快乐、愤怒、恐惧、爱、惊讶、厌恶、悲伤、焦虑等体验能够自我认识、自我协调。比如，自我安慰，主动摆脱焦虑、不安情绪。有人发现，当自己情绪不佳时，可用以下方法帮助调整情绪：① 正确查明使自己心烦的问题是什么；② 找出问题的原因；③ 进行一些建设性的行动。

3）自我激励

自我激励，指面对自己欲实现的目标，随时进行自我鞭策、自我说服，始终保持高度热忱、专注和自制，使自己有高度的办事效率。

4）认识他人的情绪

认识他人的情绪，指对他人的各种感受，能"设身处地"地、快速地进行直觉判断，了解他人的情绪、性情、动机、欲望等，并能作出适度的反应。在人际交往中，常能从对方的语言及其语调、语气和表情、手势、姿势等来判断其真正的情绪情感，而不是对方"说了什么"。

5）人际关系的管理

人际关系的管理，是指管理他人情绪的艺术。一个人的人缘、人际和谐程度都和这项能力有关。深谙人际关系者，容易认识人而且善解人意，善于从别人的表情来判读其内心感受，善于体察其动机和想法。这种能力的具备，易使其与任何人相处都愉悦自在，这种人能充当集体感情的代言人，引导群体走向共同目标。（获得更多信息请参考http://wiki.mbalib.com/wiki/%E6%83%85%E7%BB%AA%E6%99%BA%E5%8A%9B）

本书就是帮助你通过了解自己、了解他人，提升自我情绪管理，提升人际关系。尤其是第四点，认识他人的情绪，是《一分钟面对面识人》中非常重要的内容。这也是史蒂芬·柯维特别强调的人类的四大天赋才能中的第三个天赋才能：情商（EQ）。

神奇的大脑

在开始写这本书和开始做培训之后，我一直想方设法学习更多神经科学方面的知识，以解答我内心的问题：为什么我只需要短短一分钟就可以看到这么多信息？我的第一步是研究大脑。

大脑是由左右两个脑半球和胼胝体组成的。左脑被称为逻辑脑，右脑被称为艺术脑。通常左脑发达的人，逻辑性更强，善于分析、判断、推理等。右脑发达的人，更擅长创作，有更强的感知力。所以我大胆地推测，学习风格测试中D内心对话分高的人，都是左脑更发达；K感觉型分高的人，右脑更发达；如果K感觉型和D内心对话分都很高，说明左右脑都比较发达；如何更好地发挥全脑的作用，关键就在于胼胝体，两个半脑中间的桥梁，如何在左右半脑来回切换。

我在对视的实际练习中，对此也深有体会。如果对方是D内心对话分高，或者特别善于思考、逻辑性强、想法特别多的人，我在看对方的时候，我的左后脑勺都会发麻。最开始，我还觉得很不可思议。现在回想，应该就是我感应到他的左脑的活跃和兴奋，仿佛中央处理器，因为运算复杂，消耗能量多，散热更多。

一分钟面对面的对视练习，是练习提升右脑、提升直觉、提升整个潜意识的感知能力。

目前已知的大脑的神奇之处，包括以下方面：

（1）大脑是耗氧量大户。虽然大脑的重量只有身体的2%，却消耗了身体大约17%的能量和20%的氧。

（2）大脑会产生电量。清醒时，大脑产生的电量在10瓦到23瓦之间，足以点亮一个灯泡。

（3）左右两个大脑是分开的，并且工作方式是不同的。

（4）大脑在妈妈肚子里的时候就已经基本完成了生长的全部阶段。

（5）大脑是没有疼痛感的。

（6）60%以上的大脑成分是脂肪。

（7）大脑被切除一部分，人依然可以存活。

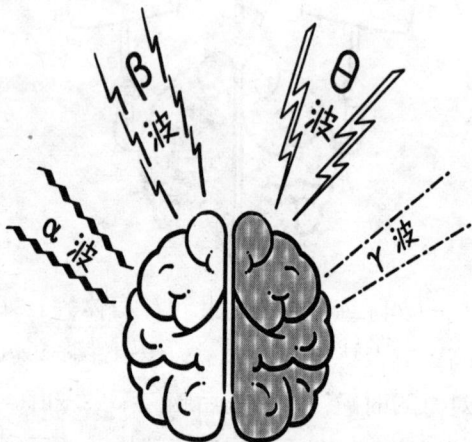

大脑在运作的过程中，会产生4种不同的波：α波、β波、θ波、γ波。大脑的结构、功能，还有很多未解之谜。为什么我能看到陌生人过往记忆片段的画面？为什么我可以感知他们对未来的期待？为什么我还可以感受到他们身体上的疼痛或者目前的压力状态？我不知道是不是因为我可以感受到大家的脑电波。

所以有朋友建议我用脑波仪器测量我在对视的时候，我的脑波跟对方脑波的相似度。如果相似，就说明我确实接收到了对方的脑波，并且与之共振。如果读到这里，您有这方面的资源，欢迎与我联系。我也非常期待能够有更多数据和实验报告，证实我在一分钟对视中收获信息的准确性。

在了解了大脑的构造、功能之后，我发现并没有解决我的困惑：为什么我能感受到这么多信息。所以我继续探索。突然有一天，一个做教练的朋友随口说了一句：你不如看看量子力学，说不定会有启发。因为这句话，我了解到了神奇的肽。

神奇的肽

我们的思想会影响我们的身体。

"在我们的身体细胞中，有很多的接收器。这些接收器每一个都对应着一个肽，或者是一个蛋白质。当我们感受到愤怒、伤心、自责、兴奋、开心或者紧张的时候，每一个情绪都会释放出对应情绪的一群神经肽。这些肽从身体中产生，并且与细胞中的接收器连接，当接收器接收到肽之后，这些细胞的结构就改变了。有趣的是，当这些细胞进一步分裂的时候，分裂后的细胞更容易接收

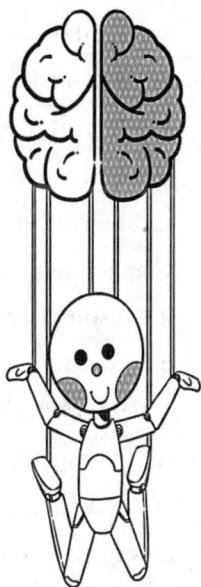

**我们的思想
会影响我们的身体**

到它们熟悉的肽。同样，新分裂的细胞，不太容易接收到母细胞或者姐妹细胞接收器不熟悉的肽。

因此，如果你给你的细胞投放大量有关负面情绪的肽，你也就是给你的细胞设定了一个模式，在未来接受更多的负面情绪的肽。更糟的是，你减少了接收积极态度相关的肽，这也就使你变得更加负面。

这就是为什么在长期的负面态度模式的影响之下，需要更多时间转变为积极正面的模式。"

以上文字是我的翻译。英文原文如下：

"There are thousands upon thousands of receptors on each cell in our body. Each receptor is specific to one peptide, or protein. When we have feelings of anger, sadness, guilt, excitement, happiness or nervousness, each separate emotion releases its own flurry of neuropeptides. Those peptides surge through the body and connect with those receptors which change the structure of each cell as a whole. Where this gets interesting is when the cells actually divide. If a cell has been exposed to a certain peptide more than others, the new cell that is produced through its division will have more of the receptor that matches with that specific peptide. Likewise, the cell will also have less receptors for peptides that its mother/sister cell was not exposed to as often.

Thus if you have been bombarding your cells with peptides from a negative attitude, you are literally programming your cells to receive more of those peptides in the future. Even worse, you are lessening the number of receptors of positive-attitude peptides, making yourself inclined towards negativity.

This is why it takes more than a few days of positive thinking to make a significant impact on your long-term attitude patterns." （摘录自网页：http://highexistence.com/thoughts-program-cells/）

看到这里，你也许会说网络信息真假难辨，可信度不高。好的，那我推荐你看两部纪录片：2004年的《我们到底知道多少》和2006年版的续集《兔子洞里到底是什么》（豆瓣网有介绍）。当然也有一些人说这不是纪录片而是电影。如果你没看过，先去看看。对于学习"一分钟面对面识人"的技术，还是很有帮助的。

四种力量：脑、心、腹、手

当我学习了肽的理论之后，我又了解到另一本与之相关的书《水知道答案》。这本书给我最深的感触是，既然我们的语言对水会产生这么大的影响，而身体里的水占比达到70%左右，那么我们每天选择对自己说什么话，选择接收外在的什么信息，或者相信什么样的观点，都会对我们的身体产生影响。反之，身体的影响又会再次加强我们接收信息的习惯。

我们每天选择相信什么话，对自己说什么话，都会形成我们的意识。而这些意识，都会通过肽，累积情绪，最终会反映到我们身体的显现部分。中国人都说，相由心生。此话不假。

　　在研究了一年多的"一分钟面对面识人"以及学习并实践了3年多的教练技术之后，我越发觉得这个技术集合了4种力量：脑、心、腹、手。

- 脑是理解、分析、判断的力量。
- 心是感受、情感和爱的力量。
- 腹是勇气的力量。
- 手是执行、操作的力量。

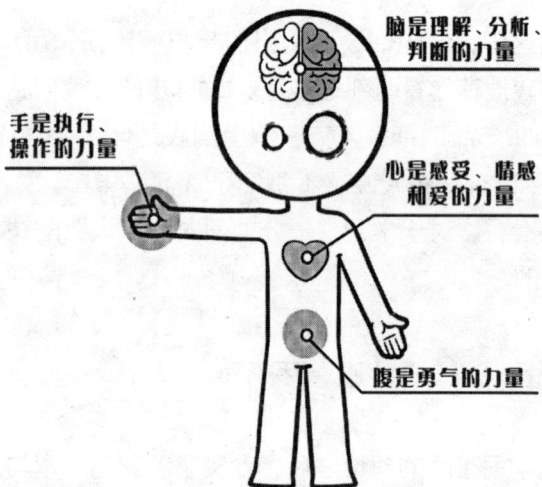

　　史提芬·柯维在他的《高效能人士的第八个习惯》里面提到，人类的4种天赋才能包括：

- 智商IQ（Intelligence Quotient），顾名思义，就是我们的理解能力、逻辑能力等在学校多年学习的能力。
- 体商PQ（Physical Quotient），指的是身体的智慧。
- 情商EQ（Emotional Quotient），也就是前面提到的情绪

智力，即对人的情绪的感知能力。

• 灵商SQ（Spiritual Quotient），也是作者在书中特别强调的核心，简单来讲就是你的灵感所在，热情所在，直觉所在，灵性所在。

"一分钟面对面识人"的技术，与我们理解的常规方法恰恰相反：

第一步，要减弱脑的力量，放下判断，放下分析。

第二步，是增强心的力量，加强对人的感知力，对他人的同理心。

第三步，要有勇气去"搭讪"陌生人，有勇气给对方反馈，并且真实地表达你感受到的所有信息，不论是"好的"还是"坏的"信息。还要有勇气接受陌生人给你的所有反馈，不论是拒绝、不屑，甚至是你感受到的对方强烈的负能量。不论对方给你的3个形容词是什么，虽然你不一定认可，但你要有勇气坦然接受。

第四步，给每个对视的人写下描述他/她的3个形容词，不断累积对视数量到30个、50个，甚至100个、1 000个，这就是执行的力量。这还没有结束。你在写给对方3个形容词之后，你还要给对方语言上的解释和说明，并且选择精准的词表达自己的想法或者感受，这就再次开启了脑的力量，你要总结、归纳，并且用对方可以接受和理解的方式跟对方沟通，这就不仅要用脑的力量，还需要用心的力量和腹的力量。

这就是为什么我在短短的几个月进行了1 000次"一分钟面对面识人"练习之后，我的情绪智力快速提高。因为我全面调用了我的4种力量。你也想迅速提升你的情商和灵商吗？你也希望在人际关系和工作领域上更加成功吗？尝试一下"一分钟面对面识人"的练习吧！

肌肉测试

肌肉测试是由日本的大村惠昭（Yoshiaki Omura）博士发明的，也叫 O 环测试（Bi-Digital O-Ring Test，BDORT）。他发现手指的肌肉最能反映身体的能量状态。这种测试其实是人体动力学（kinesiology）理论的一种应用方式。肌肉测试在本书中可以用来验证 4P 的各项分数。它的测试结果比附录中的纸质测评更可靠。

肌肉测试是对应 4P 性格非常有效的方法。不论你是习惯用左手还是右手，选择一个手放在图片上对应的 4 个位置，脖子、胸口、胃、小腹，另一只手的拇指和食指摆成 O 环（见下页图）。

站姿要保证身体正直，双手跟躯干在同一个平面，并且 O 环的手臂要与地面平行。

接下来就要测试 4 个位置不同的 O 环力度了。找一个伙伴，双手的拇指和食指分别穿过 O 环，这个伙伴要用尽全力把 O 环拉开。O 环的拇指和食指则要用尽全力不让这个伙伴拉开。也就是对抗两个力。注意点是双方都要保持 4 次在不同位置的力度是相同的，而且这个伙伴在拉开 O 环的时候，是匀速用力，而不要使用爆发力。

力度以脖子位置的对抗力度为基准分 10 分。如果在胸口的位置，O 环更不容易拉开，则胸口的位置分数就比 10 分高，反之则比 10 分低。同样依次完成胃和小腹的 O 环对抗，找到相应的分数。

比如，最终测试结果分数为：

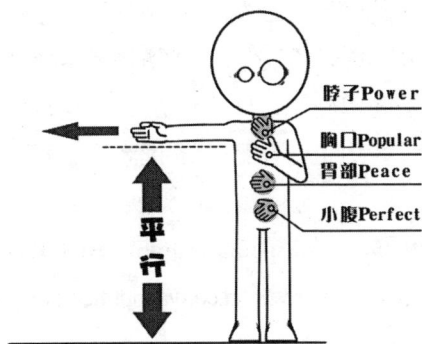

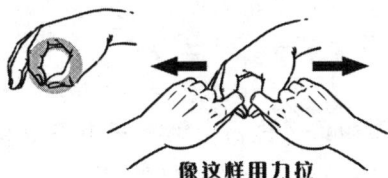

像这样用力拉

脖子——10分。

胸口——12分。

胃——3分。

小腹——5分。

这个分数说明什么呢？它说明了4P性格的分数。

脖子——Power权力型，10分。

胸口——Popular社交型，12分。

胃——Peace平和型，3分。

小腹——Perfect完美型，5分。

所以从这个数据中，我们可以看出，这个O环测试人的性格是以社交型和权力型为主。

当然这个O环测试的结果，会因为这个测试人的变化而改变。人是动态发展的，所以任何一种测评，都只是反映出当前某一个情境之下的情况。比如过了3个月,这个人周围环境改变了,或者身体状况有了改变,O环测试分数也会改变。

这里也只是简单介绍O环测试在"一分钟面对面识人"技术中的运用。想要更进一步研究的读者们,可以登录下面2个网站:

(英文)https://en.wikipedia.org/wiki/BDORT

(中文)http://www.puresunort.com/simplified/oring%20test%20of%20principle.html

相关的书

• 原生家庭画面:《透析童年》,王树著,中央编译出版社,2014年出版,或其他家庭系统排列的书。

• 身体疼痛、情绪和压力:《水知道答案》,江本胜著,南海出版公司,2013年出版;《身体知道答案》,武志红著,鹭江出版社,2013年出版。

• 情绪和压力,以及对未来的期待:《零极限》,乔·维泰利、伊贺列卡拉·修·蓝著,中国青年出版社,2014年出版。

并且《零极限》这本书里也采用了看眼睛对视不说话的方式,只是时间略有不同,不是1分钟,而是3分钟。

这些理论的运用,我都会在本书后面一一说明和解释。

第三章
无往不胜的实例篇：我从知道到做到，就是这么简单和任性

《一分钟面对面识人》的来历

这个技术是在2016年3月诞生的。这要特别感谢我的教练技术老师Paul Jeong博士。

我从2014年开始跟随Paul博士学习教练技术的课程。后来因为我英语的优势，担任了教练技术的课程翻译，并且一共翻译了3次。正是因为这个课程和这个课程的老师Paul博士，对我产生了深远的影响，才有了后面的故事。

在2016年3月，当我第三次为Paul博士做翻译的时候，他在课堂上问各位在座的学员："有谁想要改变自己的生活现状的，请举手？"几乎所有人都举手了。"大家只要做一个很简单的事情，就可以做到，你们会去做吗？"有些人好奇地看着Paul

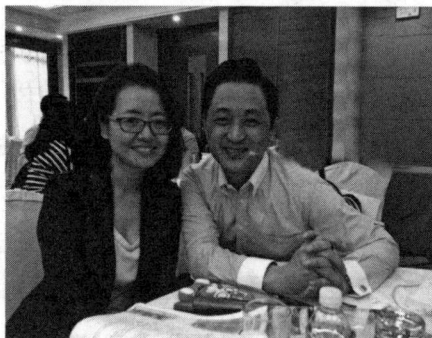

博士，有些人继续坚定地点头，还有人若有所思。

接下来，Paul博士分享了他的经历。他说在多年以前，他参加了一个世界级培训师的课程。这个老师让Paul博士写下100个梦想，然后选择一个梦想，再根据这个梦想写下100个行动方案，最后选择一个行动方案，并且在24小时之内开始实施。如果真的这样去做了，就一定会有奇迹发生。

Paul博士也是一个听话照做、简单纯粹的人。所以他就开始写100个梦想。因为他是韩国人，后来前往美国求学，加入了美国籍，之后又回到了韩国工作，所以他最终选的一个梦想，是希望韩国和朝鲜的关系得以恢复。然后他开始写100个行动计划。在他看来，当时世界上只有一个国家，跟朝鲜和韩国的关系都不错，这个国家就是中国。所以最终他选择的一个行动方案是：去中国。

因为这个行动计划必须在24小时之内开始实施，所以他立刻开始在Facebook（脸书）上发出信息：有谁知道中国有什么地方可以去？有一个朋友回答他：在中国北京，有一个培训，貌似不错，可以去看看。

接下来Paul就立刻报名参加了课程，就这样开始了中国之旅。

在这两天的培训中，Paul觉得很无聊，因为这个培训真的很没劲，培训师水平也很一般。因为他不认识任何人，所以他就邀请同学一起吃饭，然后给他们做一对一的教练。Paul跟同学们说，你们随便点多少钱的吃的，只要可以让我给你们做教练，我请客。结果就有更多没听说过什么是教练的同学，跟他一起吃饭，然后做教练。其中有一个同学，对Paul的教练特别感兴趣。一对一教练结束后，相互留了联系方式。

培训结束后，Paul博士就回到了韩国，继续他的工作。过了一段时间，Paul突然接到信息，这个对教练非常感兴趣的同学邀请他来上海做一次教练主题的分享。让Paul惊讶的是那一天来了20多人。课程结束后，一个学员说，我认识一个朋友，他对教练也很感兴趣。之后Paul又去北京做分享，结果又来了20多人。

就这样口口相传，几年之后，Paul在中国的声誉越来越高，学员也越来越多。随着知名度的提升和学员人数的增加，Paul博士把工作重点放到了中国，甚至举家搬迁到了北京，全面开启了在中国的教练事业。

听了Paul博士的故事，全班的20多位同学都表示回去就做这100个梦想的作业。当然，我也不例外。

课程结束的当天，我回到家吃过晚饭就开始认真写100个梦想。写到20多个梦想时，我已经环球旅行了好几遍，在全球有了好多套房子，车子、票子、老公、孩子、数不尽的鞋子、包包、衣服，都有了。然后我就写不下去了。为了凑够100个梦想，接下来月球、火星、外太空也都去过了。可还是不够100个。所以100个梦想，不是那么容易写下来的。为了凑够

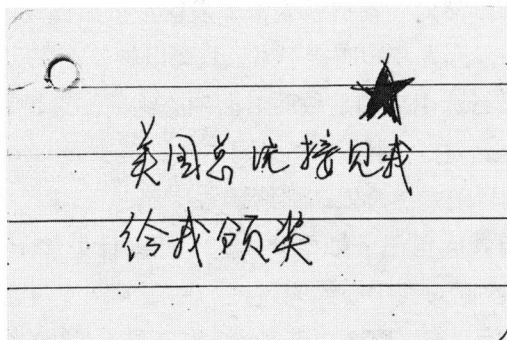

100个，我开始各种奇思妙想，终于在写到83个梦想的时候，我有一个强烈的感受，从脚心到手心都在发热，仿佛我的小宇宙爆发了。当我想到这个画面的时候，真的很激动，浑身充满了能量。我内心的声音是：就是它了。这个梦想是：接受美国总统的颁奖。

接下来的10多个梦想都是为了凑够100的数字。终于用4个小时完成了第一步，列出了100个梦想，并且选定了一个。那天写完100个梦想，已经是凌晨了。我的脑海中有2个声音：一个声音是人生有目标了；另一个声音是：怎么可能？你周围有人接受过美国总统的颁奖吗？虽然我自己也不确定我能否实现这个梦想，但我确定的是，我的身体没有骗我，身体在告诉我这个梦想与其他99个梦想不一样，因为那个瞬间我的手心脚心都在发热。所以我决定先睡觉，第二天完成100个行动计划。

第二天，写100个行动计划就容易多了，只花了2个小时就完成了。当然为了完成100个行动计划，我也将开画展、音乐会、拍自己的电影、跳伞、冲浪、潜水、速降等都做了一遍。后来，当我写下这个行动方案的时候，我再次感受到手心脚心在发热。也许身体在告诉我选出的梦想跟这个行动计划真的有一些关系。虽然对于再次感到身体发热没那么激动了，但我还是非常开心。因为我知道接下来，我可以做什么来实现目标了。行动方案最终选出来的是做面对面中心练习。这是 Paul 博士在教练技术课程中介绍的一个练习方法。英文是 face centering。这个练习的目的是提升人的情绪智力。

紧接着我问自己：如果要给这个行动计划加上一个次数，我是做100次面对面中心练习还是1 000次呢？为了给出确定的数字，我又问自己：哪个更难实现？回答是：1 000次更难实现。

3个月看1000个人 1分钟

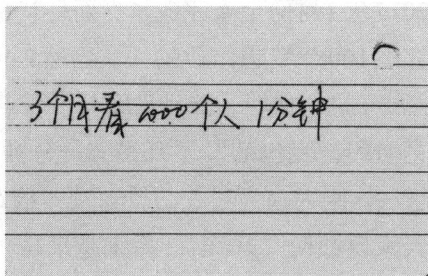

好，那我就要挑战更难的。所以，我最终选出的行动计划是3个月完成1000次面对面中心练习。也就是在2016年7月底完成。

　　当我写下这个行动计划之后，我必须要在24小时之内开始实施。所以我立刻在教练技术的同学微信群里面求助，问谁的公司员工多，可以去看人完成练习。很快有2位同学回应我。一位是某手机生产公司的HR。她说，公司员工有800多人，很容易实现1000人的目标。另一位是女企业家，她们公司也有200名员工。如果都看完，就超额完成了。真的非常感谢同学们的支持。瞬间我就感到完成1000次面对面中心练习其实很容易。

　　紧接着我去这个手机公司跟工程师们对视，也去咖啡厅跟陌生人对视，还去一些朋友的公司或者机构跟员工们对视。很快数字就累计到了500人。在这个过程中，我发现不同4P性格的人，眼神竟然是不一样的。我还发现，我有时候还能看到陌生人小时候经历的画面。当然，也会在看过某个陌生人之后，身体突然感到很累，或者很不舒服，慢慢地，我也总结出了一套非常简单有效的保护自身能量不受影响的方法。

　　从500人到1000人，在这个过程中，我更加关注对方的情绪、家庭环境和潜意识对人的影响。我走得更加深入，也更有自信。虽然我并没有在2016年7月完成1000次对视的计划，但是我终于在2017年2月份全部完成了。而且我是我们班30多位同学中唯一完成100个梦想作业的人。当然Paul博士之前也有很多位学生完成了这个作业，并且也取得了很卓越的成绩。

在这个练习阶段，我也萌发了开设"一分钟面对面识人"课程和写书的想法。因为在看过一分钟对视，给对方反馈的时候，总是听到大家反馈说"好准"，后来越来越多的人问："你会写研究报告吗？我怎么可以看到你的报告？"我想：既然大家有这样的需求，那我就开始准备课程和写书稿吧。

从2016年3月写下100个梦想的那一刻开始到现在，我的情绪智力真的得到了极大的提升。内心真的很感恩有Paul博士这样的好老师，一群支持我的同学，和对面对面识人感兴趣的各个行业的朋友们。我的生命真的因为这100个梦想而改变。未来，我的计划是，每当我完成选出的1个行动计划之后，我会再次列出新的100个梦想并且选择1个行动方案，真正活出内在的自我，发挥潜力，实现我人生的最终梦想。

特别注意：写100个梦想的时候，请选择整块时间，专注完成。不要今天写10个梦想，明天写30个梦想。因为专注产生能量，分散削弱能量。

专注产生能量

下一步计划：我还有一个想法，寻找100位完成100个梦想和100个行动计划的小伙伴们。当大家完成了自己的行动计划并且取得阶段性成果后，共同出版一本书，题目就是《100个梦想，100个行动计划》，100位作者，100个真实的故事。你是这100位作者中的一位吗？想一起完成这个计划的亲们，欢迎联系我！

带着相信的力量实现梦想

在2016年3月，也就是我刚开始决定去面对面识人的时候，我真的不知道自己会走到出书这一步。回看2016年3月到现在，我从知道到做到，最重要的两点是：相信和练习。我相信自己选择的行动计划，看1 000个陌生人，真的会产生奇迹，一定会令我的生活有巨大的改变。练习，练习，大量练习，只有持续专注的练习，才会产生美好的结果。

在刚开始做练习的阶段，我只是重复我在Paul博士课上学到的规则：看对方的眼睛，可以眨眼睛，可以笑，唯一的要求是不能说话。至于能看出什么，如何提升情商和灵商，我一无所知。

跟我同期参加教练技术学习的同学们，都知道这个练习的名字叫"面对面中心练习"，英文名是Face Centering。在课程学习中，我已经跟20多位同学进行了相互练习，有了一些模糊的感受，觉得每个人的眼神都不一样。

为了把面对面识人积累到1 000次，最开始我去找我的同学练习。但是有些同学的质疑声非常强烈，甚至说我有点"神叨叨的"。说实话，这些负面的声音确实对我产生了一定的负面影响。

可是我相信，当我写下那个行动计划时，我内心真的是无比的激动和兴奋。并且这些给出负面评价的人，他们对于这个练习也不完全了解，我为什么要选择听他们的反馈呢？听那些没有做到的人的意见，有什么意义呢？

我一定要做到！

我一定会完成看 1 000 个陌生人的目标！

看到性格的优缺点

在我刚开始看人的时候，我是求助于我的朋友，去他们公司看人。因为我是自由职业，所以有时间做这样的实践。我平均一天可以看 15 到 20 个公司员工，最高纪录是一天看了 33 个人，并且都是陌生人。每看完一个人，我都会给对方反馈，并且请对方确认。

刚开始我看的前30个人，我基本都看不出什么核心的东西，只能看出眼神是否坚定，或是有很多微小的颤动。在我给对方反馈的时候，基本就用比较泛泛的词，比如善良、温和、坚定、优雅、专业。反馈之后，我总是问对方，你觉得我的反馈有多少正确率？按照100分满分给我一个分数。在那个阶段，正确率基本是30%左右。当时，我的内心真的挺不自信的。

为什么不自信呢？

第一，因为我不知道看1 000人，会发生什么。这个行为的价值对我来说完全未知。

第二，也有些人在跟我对视的时候，眼神中透露出怀疑。甚至有人在反馈的时候直接跟我说，心理学的东西他不相信。（我去的是上海的张江高科技园区，对视的是工程师类型的人。后来我才知道，这类人基本都是Perfect完美型，只相信数据分析、逻辑思维。对于心理学，有很多人基本屏蔽，当然也有一部分人能开放接受。）

第三，没有人指导我，应该怎么去看人的眼睛，完全靠我自己摸索。我也不知道什么是有效的，什么是无效的，只能摸着石头过河。

回想那段时间，我已经看了30多人了，都没点起色，毫无方向，真的感觉挺挫败的。当对方说"你说得不对，我不是这样的"时，我都能感觉到，我的脸发热了，我的心跳得更快了。

但是，我没有停下来。

我没有选择去难过，去疗伤，去自责。我选择继续看人。现在回想起来，是因为我的K感觉型分值最高，我是33分（请参考学习风格测试章节）。我认真听对方的反馈，重点听哪些是我做对的地方，不断修正，提高自己。

在这个过程中，我逐渐从30人看到100人。所以前100人，基本都是朋友公司的员工，不能算是完全意义上的陌生人。

也许你会问：哪有那么多陌生人让你看啊？陌生人不会理你的吧？

如果你对与陌生人沟通感到胆怯的话，在技术篇，我会重点讲解提升与陌生人沟通的技巧，也是提升情商的技巧。

当我看到50个陌生人的时候，我已经比较自信了。因为他们给我的反馈的是：平均80%都是正确的。我已经可以比较准确地看出对方的性格偏好了。并且，不仅可以看出对方的性格最高分，对于4P性格地图分布，我也能精准地感觉到了。

看到100人，就是一个里程碑了。

下面我就跟大家分享一下，我是如何通过看100个人看出对方的性格的。

眼睛是心灵的窗户，眼睛是通往灵魂的窗户。

当我去看对方眼睛的时候，并不是盯着对方的虹膜或者虹膜里面自己的影子。我看的是对方眼珠的波动频率。这个怎么理解呢？

在理论部分讲的4P的四个象限中，我们知道，Power权力型的人，眼珠是100%盯着一个物体不动的。即使对方是先看你的左眼球，之后再看右眼球，但移动之后，就会立刻定睛不动，我是说完全不动哦。这种眼神是Power权力型特有的，眼神非常坚定，所以也是初学者最好区分的一类人群。Power权力型的人的眼神，除了不动这个特点外，还有一个特点是向外扩张。根据我的样本和经验，Power权力型的人，在整个人群中的比重不会超过5%，所以是不容易遇到的。其中男性Power

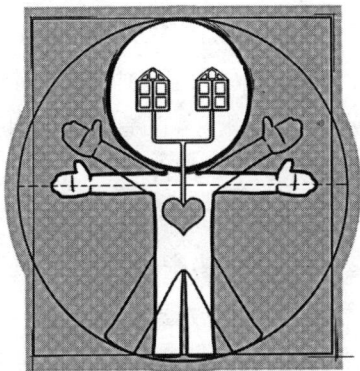

型的人群会比女性 Power 型的数量多一倍。

　　Popular 社交型的人，眼珠波动是最大的，可以用闪烁的眼神来形容。这种类型的人，眼神透露着好奇、探索、开心的信息，并且是一种向外扩散的眼神。当对方只盯着你的一个眼睛的时候，你也能看到他眼珠的高频振动，是眼珠左右快速地抖动。当然，这个类型的人，也倾向于反复从一个眼睛转到另一个眼睛。

　　Peace 平和型的人，眼珠是细微地左右抖动。眼神没有攻击性，是非常温柔、平和、安静的，并且是向内收缩的。如果跟 Power 权力型的人对比，Power 权力型的眼神是向外有攻击性的，Peace 平和型的眼神是向内自我保护的。Peace 平和型的人，通常除了眼神的特点外，还有一个特点是不停地抿嘴。这个微表情，说明他/她不太自信，不敢真实地表达自己的想法，担心犯错，总是小心翼翼。特别要注意的是，抿嘴不是 Peace 平和型的专有表现。大多抿嘴的微表情，都是不自信、不敢真实表达自我的最明显表现。Perfect 完美型和 Popular 社交型也会出现抿嘴的情况。Power 权力型偶尔会出现抿嘴，那是因为内心的小狮子还没长大，还在摇摇晃晃地走路。如果真的发挥出了 Power 权力型的特质，Power 权力型是绝对不会有抿嘴的微表情的。而且 Power 权力型的内心是鄙视不自信的人的，也不会把不自信的人归到朋友这一类的。

Perfect 完美型的人，眼珠的抖动介于 Popular 社交型和 Peace 平和型之间。所以初学者很难区分 Peace 平和型和 Perfect 完美型。我的经验是，Perfect 完美型的眼神抖动幅度微小，同时眼神并不是外放，也不是内收，而是相对平静，有时候伴随着一定的探究、分析的眼神。基本看到 50 人左右，就可以很顺利地区分 Peace 平和型和 Perfect 完美型了。如果你还是觉得区分 Peace 平和型和 Perfect 完美型有难度，说明你还要增加练习的次数。看到 50 人是一个分水岭。

总结一下（下页图片仅供参考）：

Power 权力型：坚定的目光，眼珠基本不动，向外，有点侵略性。

Popular 社交型：闪烁的眼神，眼珠抖动最厉害，向外、好奇、开心、探究。

Peace 平和型：微微抖动的眼神，没有攻击性，内收、自我保护、温柔、平和、安静，偶尔伴有抿嘴等不自信的微表情。

Perfect 完美型：微微抖动的眼神，比 Peace 平和型抖动大一点。没有攻击性，不外放也不内收，相对平静。带着探究、分析。偶尔也有抿嘴等不自信的微表情。

如果用刻度来表示眼珠抖动与性格之间的关系，那么：

Power 权力型：0。

Popular 社交型：10。

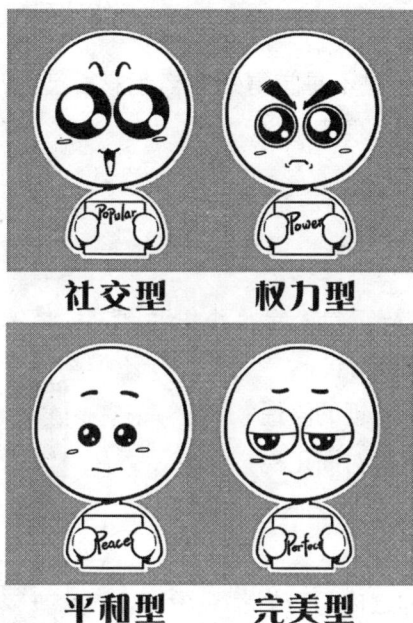

Peace 平和型：2。

Perfect 完美型：4。

并且抖动只发生在水平方向。

再从眼神透露的温度，总结如下：

Power 权力型：黄色。有一定的温度，同时眼神具有一定的攻击性。不会避免目光接触。眼神外放。

Popular 社交型：红色。炙热的温度，非常热情。眼神没有攻击性，充满好奇。不会避免目光接触。眼神外放。

Peace 平和型：绿色。温和的温度。眼神没有攻击性。眼神内收，或者避免目光接触。

Perfect 完美型：蓝色。冷静的，并且有点凉爽的温度。眼神没有攻击性，也不是内收的，而是一种平静的状态。不会避免目光接触。

看到这里，是不是觉得跟性格色彩很类似？也是黄、红、绿、蓝四种颜色，便于记忆。

TASK 作业

准备资料及工具：笔，小纸片若干，手机倒计时1分钟。

A和B两人对视的流程：

（1）A跟B面对面正视。

（2）距离在一臂之内，大约0.5米。

（3）计时1分钟。

（4）1分钟之内，双方都只看对方的眼睛，特别强调不讲话。

（5）可以允许笑，有表情，有动作。

（6）1分钟结束后，双方都写下关于对方的3个性格方面的形容词，就是说B写给A，A也写给B。

（7）在3个形容词后面，分别写下自己的名字和职业。

总结一下，A在纸片上，写下的是B的性格的3个形容词和A本人的签名和职业。

同理，B在纸片上，写下的是A的性格的3个形容词和B本人的签名和职业。

为什么要写职业？因为职业会直接影响一个人的性格的外在表现，同时不同性格的人也会有不同倾向，选择内心偏好的职业。写职业，是作为一个参考。在培训的时候，我都会要求学员完全依照上面的7个要点执行，我保证在培训结束的当天，所有学员都能学会精准看出任何陌生人的4P性格。而且，我确实做到了。

练习对象：

可以先从家人、熟悉的朋友开始。先看10个人。看过之后，再回来看本节文字，你会有新的启发和收获。之后，请家人和朋友帮你介绍感兴趣的朋友，或者他们的同事、熟人。总之，快速看到30人。

练习的时间表：

第1周：看到10个陌生人，写下给对方的3个关于性格的形容词，并收集对方给你的3个关于性格的形容词。

第2周：看到20个陌生人，同上。

第3周：看到30个陌生人，同上。

参见下面的表格，统计对方给你的3个性格方面的形容词。你会发现别人眼中的你也在改变哦！

练习时间表①

第1周	第2周
Date	Date
●×10	●×10
1	
2	
3	
4	
5	
6	
7	
8	
9	
10	

合 计

●×10	●×20

奖惩：

如果没有按照计划完成看陌生人的数量，给自己的惩罚
是＿＿＿＿＿＿＿＿＿＿＿＿＿＿＿＿＿＿。

如果按照计划完成了看陌生人的数量，给自己的奖励
是＿＿＿＿＿＿＿＿＿＿＿＿＿＿＿＿＿。

总结看到30人的收获和存在的疑问：

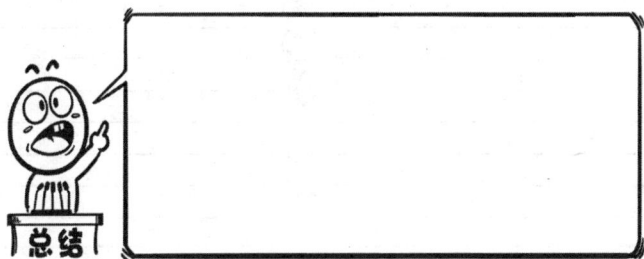

第4周：看到40个陌生人，写下给对方的3个关于性格的
形容词。

第5周，看到50个陌生人，写下给对方的3个关于性格的形容词。

总结看到50人的收获，尤其是从30到50人的进步和存在的问题：

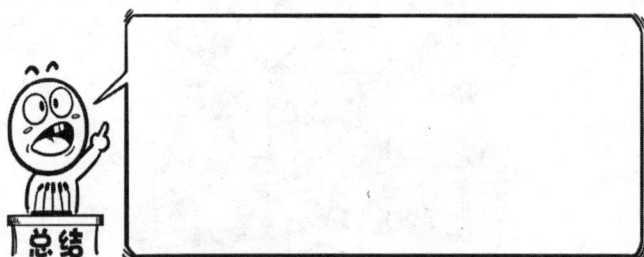

练习时间表②

第3周	第4周
Date	Date
X10	X10
1	
2	
3	
4	
5	
6	
7	
8	
9	
10	

合计

X30　X40

练习时间表③

第5周	第6周
Date	Date
X10	X10
1	
2	
3	
4	
5	
6	
7	
8	
9	
10	

合计

X50　X60

如果你是完全以4P的性格偏好理论为基础,并且结合每个P的眼珠波动情况看了50个人,相信你已经完全可以看出对方4P性格的最高分了。恭喜你,实现了第一个里程碑。可以奖励自己一下哦。真的很棒!

现在我们已经可以看到对方的4P最高分了,下面,我要教你如何看出对方的4P性格地图的分数分布,也就是说可以同时看到对方的最高分到最低分的4项排序。

当你熟悉了4P的4个象限之后,脑子里就可以装着这个坐标了。当你看1分钟的时候,对方的眼珠如果1分钟之内保持同一个抖动方式,那就说明对方的4P有一个分值较高,其他分值都较低。也就是说只有一个象限是被激活的,而且这个人的外在性格和内在性格是统一的,这个人是不戴面具地与世界链接,不带面具地与人沟通。

如果在1分钟内,对方的眼神抖动是有变化的,那么恭喜你,发现了特殊样本。这个人很可能是4个象限中有2个或者2个以上的象限被激活了。最先出现的象限,是这个人的外在性格,过了几秒钟之后,出现的另外一种波动,就是这个人的内

在性格。

还是以开篇谈到的Steven和Alex为例。

Steven最开始的眼神是非常坚定的，眼珠完全不抖动。所以外在显现是Power权力型。可是10秒之后，他的眼神就接近了Perfect完美型的小幅左右抖动，而且在左右扫视我的左眼和右眼之后，依然保持小幅左右抖动，直到1分钟结束。这说明，他的内在性格是Perfect完美型。最后，他的眼神是带着探究的成分。最终，我就确认他的性格是外在Power权力型，内在Perfect完美型。我给Steven反馈的时候，他用"震惊"来形容。所以眼神抖动真的可以对应人的性格。这不是跟任何人学来的，是我练习了1 400多次后总结出来的。实践出真知。

Alex是目前为止我看到的最特别的人之一。为什么特别呢？是因为他具有3个P的特质，也就是说他的3个P的性格都被开启了。而且这3个P的分值都比较高，分值之间的差距比较小，应该在1 ~ 2分左右。

Alex最开始的眼神是非常坚定的,眼珠完全不抖动,是Power权力型的特质,所以这是第一个P。这样大约持续了10秒左右。之后在从左眼到右眼的转换中,他的眼神有轻微抖动,而且继续仔细观察,发现带有探究的意味。所以就出现了第二个P,即Perfect完美型。接下来的几十秒,Alex依然很自信,而且眼神中透露出了平和的微笑。再伴随着他的小酒窝,就出现了第三个P,即Peace平和型。整个1分钟,我没有看到眼神剧烈的抖动,所以他并没有Popular社交型的特质。

这就是我看1分钟眼神的感受和细节。明白了吗?

看到这里,一定会有人问,你怎么能确定你看到的就是准确的呢?

问这个问题的人,太棒了。

确认方法有两个:4P纸质测评和肌肉测试。

在你刚开始练习看前30或者50个人的时候,我建议你先进行1分钟对视,然后让对方做纸质测评。从2个维度确认自己1分钟是否能真的看出对方的4P。4P的纸质测评,请见附录。大家可以打印出来,在平时看陌生人的时候使用。甲对应Power权力型,乙对应Popular社交型,丙对应Peace平和型,丁对应Perfect完美型。这个测评,是Paul Jeong博士在教练培训中的内容。感谢Paul博士允许我在本书中登载他的课程内容。

在我的课程中,我对初学者都采用这样的方式去训练。只要认真做练习的人,看到30人,已经可以完全掌握4P的最高分。有个别感受分数较高的人,甚至看到30人,就可以看到4P中所有P的分布情况了,还能感知到情绪压力,甚至出现画面。

肌肉测试,在前面的理论部分谈到了。如果还有疑问,可以回顾之前的章节（见第40页）。

这三种测评——4P纸质测评、"一分钟面对面识人"看眼珠抖动，以及肌肉测试，哪个识别性格分布最准确呢？

我的研究结果是4P纸质测评的可信度是3个测评中最低的，因为它会受到我们测评环境、心理状态、逻辑和思维的影响。选项从1分到5分，每道题选3分和选4分有时会产生完全不同的结果。

"一分钟面对面识人"看眼珠抖动和肌肉测试，更加准确。原因有2个：

（1）眼睛是通往心灵的窗户，更是通往灵魂的窗户。人可以控制面部表情，可以控制眨眼睛的次数，但是无法控制眼珠的抖动。即使是发呆，什么都不想，眼珠的抖动也是会传递信息的。就好比你能控制呼吸，但你无法控制心跳，无法控制体内各个器官的运转。

（2）身体是诚实的。在肌肉测试的理论部分，我们也可以用"是"（yes）和"不"（no）来测试O环的力度。通常情况，说"是"（yes）的时候，O环更难拉开。说"不"（no）的时候，O环没有力量，比较容易拉开。所以说事实的时候，身体是强肌肉反应；说谎的时候，身体是弱肌肉反应。你还可以对比说"我是男人/女人""我是蚊子"这两句话的时候，拉开O环力度的不同。身体真的很诚实。所以用O环测试是最准确的。当然前提是被测试者100%配合。如果被测试者的手放在4个位置都用同样的力度对抗，不让对方拉开O环，测试者和被测试者都会明显感受到4个不同位置的力度。除非被测试者故意在4个不同的位置使用不同的对抗力度，否则是很难更改测试结果的。

TASK 作业　第6周到第10周：看到100人。

练习时间表④

第7周	第8周
Date	Date
👤X10	👤X10
1	
2	
3	
4	
5	
6	
7	
8	
9	
10	

合计

👤X70	👤X80

练习时间表⑤

第9周	第10周
Date	Date
👤X10	👤X10
1	
2	
3	
4	
5	
6	
7	
8	
9	
10	

合计

👤X90	👤X100

　　奖惩：你是否按计划完成了100次对视？完成了有什么奖励？没完成有什么惩罚？

奖　惩

　　总结4P性格判断的准确度，每个P的分值分布和存在的问题：

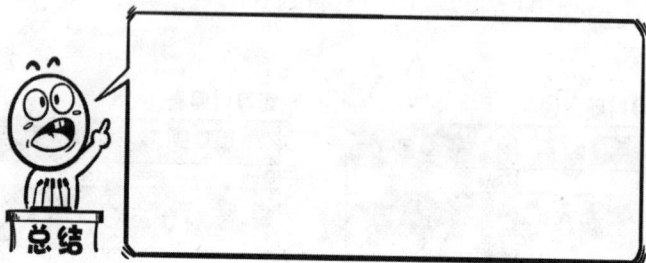

如果你看完了 100 人，恭喜你，在判断性格方面你已经顺利毕业了。

相信你通过练习，已经完全掌握了这个技巧。为自己庆祝一下吧！你真的非常努力，很棒！

下面继续讲解如何看到当下及过往的情绪，看到原生家庭的影响和内心的期待。这些都是进阶的内容。对于大家而言，会有一些难度。有些有天分的人，比如学习风格测试 VAKD 中 K 分比较高的人，一般看到30个人左右，就可以看到刚刚讲的内容。
而有些人可能还没有掌握方法，会用比较久的时间才有体会。好
消息是每个人都有能力做到，只是需要的时间有所不同。

看到当下及过往的情绪及压力

有些学员在初级课程之后反馈，很难静下心来看对方，总
有很多的思绪。

如果你也有这样的疑问，我要恭喜你，你已经开始觉察到
自己的思绪了。这就是进步的开始，也是走上进阶修炼的开始。

要能够感受到对方的情绪，首先自己的情绪要平稳。用教
练技术的专业术语，就是保持中心状态，或者保持核心稳定性。

如何修炼自己的情绪，让它保持平稳呢？

有4个特别好用的方法跟大家分享。

第1种：呼吸调节法。

当我们意识到自己有很多思绪的时候，如果关注自己的

呼吸，就会立刻改变。用鼻子吸气，用鼻子呼气。吸气的时候对自己说1，呼气的时候对自己说2；继续吸气说1，呼气说2。重复几次这样的深呼吸，基本就会平静下来。也有一位学员，学过正念，推荐类似的呼吸法。吸气默念"平静"，呼气默念"专注"。基本做2～3次呼吸，就能平静下来了。如果你学习过内观冥想，可以根据自己的喜好选择其他练习方法，达到稳定的情绪。

第2种：爱爱爱爱爱爱爱爱。

对于感觉型K分高的人，还可以用"爱"的口诀，让自己平静下来。一旦意识到有思绪，立刻默念"爱爱爱爱爱"。不论多少个"爱"，一直默念下去。很可能你的内心突然感到很温暖，很柔软。如果是这样非常好，说明你平静下来了，而且思绪也慢慢减少了。

第3种：对不起，请原谅我，谢谢你，我爱你。

这4句话是乔·维泰利和伊贺列卡拉·修·蓝所著的《零极限》这本书里提到的。这4句话不仅可以减少思绪，还具有疗愈作用。

我的第4期课程学员分享了他的真实经历。有一段时间，他天天加班。可能因为吃得不卫生,胃痛了2天。一开始他只是忍着,后来尝试用我教他的EFT(Emotional Freedom Technique)情绪释放技术的方法(可以参考网站介绍http://baike.sogou.com/v7699649.htm?fromTitle=EFT),即叩击胃部,感受它,并对它说爱爱爱爱爱,一会儿就缓解了,很快就不疼了。我跟他反馈说,如果下次遇到类似的身体疼痛,一种方法是说爱爱爱爱,另一种方法是说以上4句话,同时用叩击的方法。

第4种:数数法。

对于逻辑性很强的人,用上面这种方法是挺有挑战性的一件事情。他们头脑特别发达,但身体感知比较弱。所以让这些思维发达的人弱化思维,本身就很有挑战性。所以给内心对话D分值高的小伙伴们的福利是:意识到思绪,开始在心中默默数数:1,2,3,4,5,6,7,8,9,10;2,2,3,4,5,6,7,8,9,10;3,2,3,4,5,6,7,8,9,10……一直默默念下去。当然,这个面对面看人眼睛判断性格的事情,对于内心对话D分值高的人已经很有挑战性了。如果你真的想学会,一定要坚持。

第5种:算术法。

对于逻辑性很强的人,还有一种方法就是用加法或者乘法算术。当意识到有很多思绪的时候,立刻心算1+2=3,3+4=7,

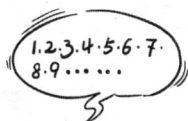

7+8=15，15+16=31，31+32=63，或者背99乘法口诀。当集中注意力心算一段时间之后，思绪很快就消失了。

了解了让自己思绪慢慢清空的方法后，我们再来了解一些进阶的理论，帮助我们进入感知对方情绪和压力的阶段。

1）世界是一面镜子

当我们让对方给我们写下3个性格方面的形容词的时候，对方所写的词其实说明他/她也有这方面的特质。如果他/她内心没有这个特质，是不会出现这个反馈的。

举一个例子。

我在咖啡厅遇到一位70多岁的白发老先生。他给我的反馈，用了一个词"巾帼"。看到之后，我笑死了。这是说我是女英雄吗？我就问他，为什么写"巾帼"？他说我很好强，像巾帼。

现在的90后连什么是巾帼都不知道吧？！

所以，你会用什么词汇去形容别人，首先说明，你有这个词汇代表的特质。其次，世界是一面镜子。当你看到对方有这个特质的时候，基本上也说明自己会有这个特质，所以，我判断，这个老先生是与"巾帼"对应的"英雄"。

2）同频共振

百度百科上对于同频共振的解释是：往往指思想、意识、言论、精神状态等方面的共鸣或协同。事实上，同频共振的说法从物理角度看是片面的。比如同样频率的电磁波和机械波不会产生共振。

在"一分钟面对面识人"技巧中，我们所说的同频共振，是借助物理课中学到的音叉的原理。我们在上物理课的时候，一定学过音叉的这个东西。

两个音叉，如果是同样的频率，当一个被敲动发出声音之后，另一个在旁边的同样频率的音叉也会跟随第一个音叉发出声音，而根本不需要去敲第二个音叉，它就自动发出声音了。这就是同频共振的实验。

但是，两个音叉，如果是不同的频率，第一个即使被敲动发出声音，另一个音叉不论靠得多近，都不会自动发出声音。不同频无法共振。

这说明什么问题呢？

我们如果想要看出对方除了4P性格分布之外更加深入的信息，也就是冰山在海面下的部分，就要学会跟对方的状态匹配。也就是学习同频共振的能力。或者可以理解为同理心，要能够体会到对方的感受。

有些人又会问，这个怎么练啊？还有些人可能会怀疑，这个是练不出来的吧？

我很严肃认真地跟各位说，我们每个人天生具有同理心，有同频共振的能力。我们其实根本不需要练习，因为我们本身就具备。练习的目的是唤醒这个能力。只是每个人唤醒"神功"的时间不同。这里感觉型K分数高的人，会特别有天赋，学得最快，也学得最好，唤醒的时间最短。内心对话D分数高的人，就需要较长的时间去练习。因为D分数高的人，内心总是有各种想法，思绪太多，无法变成一面干净的大镜子，真的很难感受到对方。所以我的学生中，D分高的人相对比较少。当然，我也特别理解他们。这个经验，已经超越了他们逻辑的边界。

3）介质

音叉如果放在真空环境中，是不会产生同频共振的。为什么呢？因为缺少另一个必要条件：介质。空气就是音叉同频共振的介质。

在我们的"一分钟面对面识人"技巧中，空气也是介质。这个介质是通过呼吸实现的。如果你匹配对方呼吸的频率，对方呼吸的方式，呼吸气流的大小，以及呼吸产生的声音大小，我敢保证，你会立刻发现更多对方的信息。因为，**呼吸等于情绪**。

所以要想快速感知对方的情绪或压力，就要快速匹配对方的呼吸，达到并保持同频共振。当你开始看到第二层感知情绪或压力，以及第三、四、五层的身体病痛史、原生家庭的影响和对未来的期待时，你会特别有成就感。

当我们掌握了这三个进阶的理论基础后，我们就具备了探索海平面下面深层部分的能力了。

如果要精准看到对方的情绪，至少需要看到100人。注意我特别强调的是精准，也就是稳定的状态加准确的状态。在我的学员中，特别有天赋的、直觉力很高的人对视10个人之后，就能感受到对方的情绪了。接下来要做的就是通过大量的练习，提升稳定性和准确性。也就是在每次对视一分钟时都可以保持这种状态。

就好比杰出的篮球运动员和刚开始学习篮球的人，都能够投出漂亮的三分球。而区别在于，命中率的不同。

我是感受型的人，K 分最高，所以我在看到 50 人左右，就已经有能力看到对方的情绪了。所以保守一点，大家看到 100 人，基本也可以准确地看出和体会到对方的情绪了。

全身感应模式

要感知对方的情绪，你首先要用你全部的身体，从头到脚，去感知对方。你要变成一个感应器，完全忘掉自己，全然去感受对方。当你开启全然感知的模式之后，你不仅可以感受到对方当下的情绪和压力，也可以感受到对方的原生家庭，以及身体的疾病、疼痛、意图、期待等信息。所以这是一个非常重要的开关。开启全然感受对方的开关，首先要把自己正在运行的所有开关全部关闭，避免干扰。就好比你自己是一个收音机，你在播放声音，同时还有另一个收音机也在播放声音，到底听哪一个收音机的声音呢？如果你期待听到对方收音机的声音，先把自己的收音机关掉吧。如果你的收音机一会儿开，一会儿关，就会中断与对方的链接。中断的原因，是自己思维的干扰。所以对于本章中关于减少思维的练习要多加练习。如果一直保持自己收音机的关闭模式，你才能有机会听到对方收音机的声音，并且一直到一分钟结束。

讲完情绪，再来谈谈压力。

感知情绪时，从肚脐到喉咙，好比一个垂直的压力表。腹部是绿色，腹部到横膈膜是黄色，胸腔是红色。

如果对方没什么压力，属于绿色地带，腹部是没什么感受的，其他地方也没有感受。

如果对方有一点压力，属于黄色地带，在横膈膜附近，会感受到自己身体腹部到横膈膜的有些肌肉有紧张和压力。

如果对方目前压力比较大，已经精疲力竭，属于红色地带，在胸口甚至更加接近喉咙的部分，都会感受自己的胸口仿佛有一块大石头堵在那里。甚至更严重的，在胸口对应的脊椎处，也会感受到压力或者疼痛。

要感知对方的压力，最快速的方法，就是配合对方的呼吸。再重申一遍，呼吸等于情绪。大家可以试试看。

身体压力表

　　对于现在的我，只要这个人的压力在黄色地带，我就能感受到。有的时候，我能清晰地感知到对方的压力是来自工作，还是亲密关系、亲子教育，或者与父母的关系。当我不能立刻清晰地感知到对方的压力来源的时候，我会"问"对方。我会直接用眼睛跟对方对话。我会用眼睛"问"他们："你的压力是来自工作，对吗？"当我用眼睛跟对方说3遍左右时，对方的眼神就会有一些变化，也就是对方会回答我压力来自哪里。如果你觉得我说得很玄妙、很神奇，只能说你还没有体验到同样的感受。在我的学员中，看到情绪部分的学员，他们都可以做到了。对方的眼神，并不受意识100%的控制，还有更多的情况，是受到潜意识的控制。我用眼睛跟对方说话，是用我的意识跟对方的潜意识对话。对方的潜意识给我回答的信息，有时候是在意识没有觉察时就发生了。

多数情况下是，当我看到了对方的压力，并且跟对方如实反馈时，一般对方都会跟我说背后的成因，也就验证了我反馈的信息基本是正确的。所以，通过对视和准确的反馈，真的能瞬间建立起深厚的信任。

所以从这一点来讲，"一分钟面对面识人"，真的是建立信任和链接的好方法。

另外补充一点，如果您本人目前的情绪和压力指数已经快爆表了，或者说已经到了黄色甚至红色区块，怎么调整自己的情绪呢？可以用我之前提到的EFT的方法进行处理。当然还有很多其他方法，大家都可以按照自己的喜好选择使用。

感受到对方身体的病痛史

在我看到超过100个陌生人的时候，我就已经具备了稳定感受对方情绪和压力的能力。这里我强调的是稳定感受。我第一次感受到对方身体疼痛的时候，刚看到超过30人。那一天，我到上海张江高科的某手机公司去看那里的IT工程师。有一个工程师跟我对视了1分钟，刚开始还正常，但是看了十几秒之后，我就感到我的右侧肩膀一直到脖子，突然肌肉紧张，很不舒服。我以为是自己的肩膀有什么问题，因为长期对着电脑工作，确实我的肩颈也不太好。1分钟之后我问他："你肩膀有没有什么不舒服？"

这个工程师带着惊讶的表情说，5年前他得了脊髓炎，并且3年前动了手术。要不是因为这次手术很成功，现在都没办法直立行走。

听到他这么说，我真的震惊了。我竟然能够感知对方身体

的病痛史。

而且不止这一次。

在去上海某社区活动站看锻炼的老年人的时候，我和一位50多岁的阿姨对视了1分钟，在倒数20多秒的时候，我突然觉得自己的左侧小腹像针扎一样疼。结束后，我问她，是不是肚子不太舒服或者妇科不太好。她说3天前去医院体检，发现左侧卵巢囊肿。

在那个瞬间，我惊呆了。我竟然能感受到对方的妇科疾病了，并且位置都一一对应。

在我写下这些文字的时候，我内心有2个声音。

（1）会不会有人说我"神叨叨"？因为这个能力真的不是所有人都有的。

（2）我真的做到了，感受到了，我讲事实，有什么不可以？而且当事人也证实了。

我把这些例子写在这里的目的，不是炫耀我有多厉害。我的目的是告诉想学习的人，你也有可能做到，也很可能感受到对方身体的疼痛。如果你真的做到了，你会更有同理心，也能跟对方建立更深、更紧密的链接。

所以，如果对这部分有争议，有不理解，我不去评判，不去解释给不相信的人听。我只告诉那些愿意相信的人，只要你去练习，大量练习，你如果看到100人，也许你就会具备跟我一样的能力了。

再举个例子。

很多次，我在看人的过程中，我的身体都会有很多的反应。

有的时候，我的头皮会发麻，一般这样的情况就说明对方是一个思虑非常重的人。

有的时候，我的面部肌肉会紧张。如果是鼻子以上的部分紧张，一般也说明对方思虑比较重。如果是嘴部周围肌肉紧张，一般是对方缺乏自信，无法真实表达自己的想法。

脸部的反应和感受，一般是比较明显的。大家在练习的时候，可以特别关注。

我的学员们在做相互练习的时候，其中有一个男孩子特别紧张。很多学员跟他对视的时候，都发现他一侧的下眼睑总在不自觉地抽动。在结束对视之后，跟他对视的学员们都反馈说他的

同一处地方在抽动。所以，在继续练习的时候，他的抽动就加强了，更加不由自主地抽动了。后来，他跟另一位学员对视。这位学员是一位直觉力非常强的人，也就是我前面提到的看到 10 个人就能感知对方情绪的学员。这位学员后来给我反馈，她也同样看到这个学员的下眼睑在抽动。但是她做了别人都没有做的事，她开始用眼睛跟他对话，说："你别紧张，别紧张，放松。"她说她重复了 3 次，对方的下眼睑就不抽动了。此后，再去跟别人对视的时候，这位男学员的下眼睑一直都没有再抽动过。

听完这几位学员的反馈，我的新发现是，潜意识的能量是可以改变的。改变的方法其实很简单，就是看到潜意识，正向引导，了解潜意识的正向需求，然后跟潜意识不断对话，就会有"奇迹"出现。当潜意识对话完成了，没有满足的部分，也完成了"疗愈"。

再举一个关于身体的正面的例子。

一天傍晚，我去上海一家非常知名的教练培训机构参加活动。结束之后，我跟主办方的 2 位负责人对视。其中一位女

士，穿着宽松的亚麻衫，很飘逸，很淡定。在对视的1分钟，我立刻观察到她的眼珠的振幅是小幅度的，稍等了几秒，没有大的变化，一直保持同样频率的小幅度震动。所以她是典型的Perfect完美型。接下来的50多秒，我就感受到我的身体非常的平静，甚至可以用安详来形容。可是我的整个头都微微发麻。头皮发麻是思虑过重的反应。

1分钟对视结束之后，我反馈说，她是很有责任心也很细心的人。她点头认可。接着我很好奇地问她，为什么她的身体特别淡定可是思虑很重？她听到我的反馈，有点惊讶，说几年前开始学习打坐，最近练习少了。不过确实像我说的思虑很重，总有很多思绪，头脑就是静不下来。接下来她开始对我的"一分钟面对面识人"感到好奇，非常想进一步学习。

对于一个在教练道路上不断探索的人，我跟她说，只要开启全身的感受，去感受对方，用身体的每一个细胞去聆听对方，就可以了。接下来就是大量的练习。她听了我这句话，就立刻懂了，然后说："我会去练习的。这个方法真好！"

　　对于也学习教练技术并且有多年打坐经历的这位女士而言，她的身体已经到达了平流层，但是头脑思绪部分还在对流层。就像一架飞机，在对流层飞行的时候，就会出现各种颠簸，受到气流的冲击，并且看到周围有很多云团，眼睛能看到的距离也是有限的。但是在平流层飞行的飞机，上方只有蓝天，云层都在脚下，运行过程平稳舒适，没有任何的颠簸。

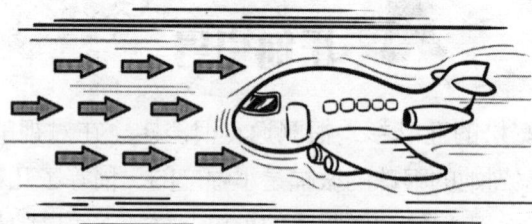

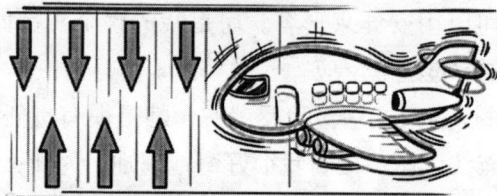

　　后来我给这位女士的建议是，让思绪慢下来，保持跟身体一致的平静淡定，整个人就到达平流层了。

　　再次提示：让你的整个身体成为你的一个感应器，全然感受对方。通过对视眼睛，打开身体的感应开关，你真的可以感受到很多很多信息。

看到原生家庭的影响及看到画面

　　跟大家分享几个典型的关于原生家庭的影响的真实案例吧，而且每次我都看到了画面。

　　我在上海某大学的咖啡厅，邀请大学生跟他们对视。那时候我看到40人左右。有3个学生，一男两女坐在靠窗的位置看法语资料。我走上去跟他们沟通之后，他们都同意跟我对视1分钟。

　　男孩子跟我对视1分钟后，我不仅看到了他的性格，而且突然我的脑海中出现了一个画面：他在家里跟妈妈争执，然后爸爸看到了这一幕，也不说话，转身就出门了。

　　因为这是我第一次在看人的过程中出现画面，觉得很有趣，我也很兴奋。所以结束对视之后，我就跟这个男孩子反馈了这个画面。男孩听到后，瞪大了眼睛，好奇地问我：老师，你怎么知道的，你是学心理学的吗？

旁边的一个女孩子，突然笑起来，并且开心地说道：就是的，就是的，他在家就是这样的。

这一刻，我再次感到了震惊。

我居然可以看到原生家庭对眼前这个人的影响。

还有一次，也是在上海某大学的咖啡厅，我再次看到了画面。虽然这个画面不是跟原生家庭有关，但这是我第二次真真切切地看到画面，所以也写出来跟大家分享。

有一个小帅哥一个人在看电脑。他跟我对视的 1 分钟开始后，我立刻从他坚定的眼神中，看出他是一个大 Power，即权力型分数非常高的人。有趣的是，接下来的几十秒，我的脑海中又出现了画面，是他小时候跟别人打架。我之后给他反馈了这个画面，这个男孩子的第一句话是：你是怎么知道的？第二句话是：我小时候是一个人跟一群人打架，而且他们还打不过我。

从此之后，在对视时，我脑海里就更频繁地出现画面了。而且画面很多时候都是跟原生家庭有关。

一分钟面对面对视的时候，其实就是跟对方的潜意识沟通。我有几次看到了对方甚至都不太记得的画面。但是一分钟结束后和对方沟通下来，

却发现我看到的画面真实发生过，并且对现在依然产生着巨大的影响。可是他们本人却没有清晰地意识到。

有一次和一个女孩子对视，突然出现的画面是她小时候仰着头看妈妈的样子。眼神中透露出委屈。而且周围是比较昏暗的，应该是在家里。我把这个画面描述给这个女孩子听。她立刻说，其实她还有一个双胞胎姐姐。因为姐姐个子高，在小学的时候就参加了学校的排球队。老师说姐姐要长个子，让她的妈妈给姐姐吃巧克力。可是当时家庭条件不好，放在冰箱里的巧克力只能给姐姐吃。

这个女孩子紧接着说，这都是小学时候的事情了，你不说我都忘记了。

其实她都记得，而且这种情绪依然伴随着她，只是她把这种记忆压抑到潜意识了。

看到原生家庭的例子太多了。再举几个例子。

一天我去另一个咖啡厅，也是有3个学生在一起复习功课，1个男生和2个女生。一问才知道，都是初一的学生。

我先看的一个女生，眼珠抖动是Perfect完美型，有小幅抖动，抖动频率比Peace平和型的高一点。同时眼神中透露出对自己的极度不自信，伴随着抿嘴的小动作，再次证明了她的不自信。随着时间的推移，在接下来的30秒，我跟她的呼吸频率保持一致，立刻感受到她的眼神中透露出渴望鼓励、赞美和认可。同时我脑海中出现了一个画面：一个小女孩仰着头看着表情严肃的父亲。

一分钟结束之后，我给这个小姑娘的反馈是：你做事情非常仔细和认真，特别希望得到爸爸的鼓励、赞美和认可。我刚说到这里，小姑娘的眼睛就湿润了，而且开始咬嘴唇，仿佛在努力忍住不让自己哭出来。

这时候旁边的女孩说："老师，她爸爸妈妈离婚了，他爸爸对她不太好。"听到这里，我心里一紧。我对旁边的女孩说：你可以抱抱她吗？女孩立刻给了这个小姑娘一个拥抱。这个小姑娘终于忍不住哭了出来。

女孩转过头来，跟我说："老师，其实我父母也离婚了。"

这个瞬间，我真的被这两个女孩深深地触动了。父母的婚姻幸福与否对孩子的影响真的是巨大的。

当我开始看旁边这个男孩子的时候，他的眼神有轻微的抖动，也是一个Perfect完美型，同时眼神是收敛的，也有一点

Peace平和型的特质。判断了他的性格之后，我继续调整我的呼吸，跟他保持一致，就立刻看到他的眼神中透露出对父母冷淡的态度。

之后，我给他反馈：你做事情非常仔细认真，同时对别人的态度和情绪也非常敏感。如果有女朋友，一定特别疼爱这个女朋友。

这个时候，坐在对面的一个女孩子立刻说："是的是的，他真的对女朋友特别好。我们都很嫉妒的。"

男孩子听到这里，抿着嘴笑。

我接着说：但是你跟你爸爸妈妈的关系不是很好，对吗？是不是他们批评指责比较多，很少表扬你？

男孩的表情立刻变化了，他说：我不愿意回家，不愿意看到他们。

一个有严重冲突的家庭会极大地影响孩子的性格，也会极大地影响他们未来的生活和命运。

有时候我看到的画面不是关于原生家庭的，而是关于工作的。

有一次和一个女孩子对视时，我看到她晚上一个人在办公室，把打印好的资料摆满了桌面和地面，要把所有资料装订好。当时已经很晚了，她还要加班做完所有的事情。我看到的画面是她的背影，看着一桌子和一地的文件资料。

后来我跟她描述这个画面，她说应该是刚刚参加工作的时候，确实经常加班。但是她不记得有打印资料放在桌子上和地上这一幕了。不过她说，当时确实很不喜欢这个工作，不喜欢经常加班。还说，非常好奇，为什么我能看到这么准确的画面。

还有一次，是和第一次见面的女士对视，她很优雅，很有修养，一看就是在大企业做管理层的。她本来是找我做教练的。为了凑够 1 000 人，我也邀请她跟我对视。她很有兴趣，所以我们很快开始了一分钟对视。看到她的性格地图分布之后，我跟她匹配了呼吸。很快画面出现了。是一个穿着红色裙子的美女，在背后捅了她一刀。这个女士转过身，并没有还击，而是看着这个红裙女子说："你等着！"这个画面一直到一分钟结束前，没有任何变化了。

我自己也很惊讶，竟然出现这样的画面。跟这位女士描述之后，她也很震惊。她说她现在是在一家知名的外资银行做管理层。现在是毕业后的第 3 份工作。前 2 份工作，都是因为有人陷害她，才不得不离开公司，陷害她的都是女性。

因为我看到了这个画面，教练的话题也从家庭转变成了工作。我能看到的画面，不论发生在多久之前，说明对她的影响依然非常大。否则微不足道的信息，我是接收不到的。

看到这里，你一定又会问我，为什么你能出现画面，这些画面是你自己想象出来的吗？

说实话，我不知道我的脑海中为什么会有这些画面出现。但是这些画面真的出现了。

至于为什么我的脑海中会出现这些画面，我的解释是，对方记忆的画面非常清晰深刻，是意识层面和潜意识层面都有非常深刻的记忆，有些记忆是被压抑到潜意识了。而我在对视的过程中，仿佛照镜子一般，映射出最深刻印象的瞬间，并且在我的脑海中产生了投射，就出现了固定的画面或者某一个具体的场景。我的大脑或者身体就像一个接收器，或者是一个不在振动的安静的音叉。当对方有思维或者情绪的波动时，我都可以接收到这个振动的波，并且会通过我的解读成为具体的画面或者场景。或者说对方好比是摄像机，通过电磁波传输，我接收到了信息，我转换成相应的图片呈现在我这个电视机上。如果有机会，希望在未来可以借用脑波仪器，做更多的研究。

看到对未来的期待

每一个人的内心，都有所期待，有所盼望。这个是在冰山的水面下方最接近冰山底部的部分。

内心的期待或者意图，直接会影响这个人的思维模式、语言模式和行为模式。同时，这个人的价值观也会影响这个人的行为模式。

我相信每个人背后的意图或者内心的期待都是美好的。从不同的角度去理解，去解释，也许会有不同的结果。

这个是冰山最下面的部分。当你能看到图片或者场景的时候，其实就已经可以了解对方的内心期待和意图了。如果出现的是痛苦的画面，给这个痛苦的画面找一个形容词概括，再找出这个形容词的反义词。这个反义词，就是对方的核心期待和意图。就这么简单：看到图片或者画面——概括形容词——找到反义词——得出内心期待的结论。

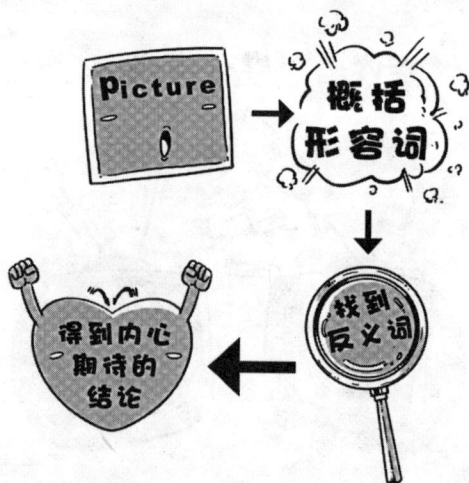

举个例子。

某公司的男员工，是满身肌肉的型男，胳膊上都是关于运动的文身。跟他对视一分钟时，我发现他是Perfect完美型，紧接着又看到他眼中流露出难过的情绪。接下来，我看到了他的期待是做到最好，可是现实结果却让他难过。

我就开始透过眼神，跟他对话。我心里一直说："我看到你的努力了，而且你真的已经很努力了。你没有错，只是时机未到。你真的可以做到的。"

当我用眼神跟他对话的时候，我发现他的眼眶红了，眼睛湿润了。紧接着，我用眼神问他为什么会这样，为什么会流眼泪？突然我脑海中出现几个字：不是我的错。然后我就在心里默念"这不是你的错，这不是你的错"，一直到一分钟结束。

而他的眼睛，到一分钟对视结束的时候，还是湿润的。

之后，我跟他简单反馈了他的性格特征，也跟他分享了我感受到的情绪，并跟他复述了我用眼神跟他对话的原话。

听到我的复述，他的眼眶又湿润了。他说：当听到我说"这不是你的错"的时候，他的心理防线彻底崩溃了。之前因为有件事，觉得特别委屈，就哭出来了。这件事情，他只和一个最亲的朋友讲过。现在被我在一分钟对视中看出来，并且点出来，他很感动。

原来他在公司实习了3个月，之后参加一个考试才可以转正。别的同事考试都通过了，只有他没通过，所以就没有转正。而考试没通过的原因，是因为别的同事在考试的时候作弊，相互问答案，但是他没有作弊，所以心里特别委屈。他说，自己坚持了原则，可是现实却给了他一记响亮的耳光。

他说到这里，我不住地点头，表示理解。我跟他说：这不是你的错，你要把你的自信找回来。

说到这里，这个男生问：我可以抱抱你吗？

我说：当然可以。

这次对视给我的触动的是：一个外在看起来很坚强、很有力量的男人，内心也很脆弱。

每一个人，不论在什么阶段，都需要鼓励、赞美和认可，不分年龄，不分性别，不分国籍。

再举一个例子。

有一个60多岁的姐姐，看起来很开朗、热情、乐观。当她知道我在一对一看人时，很感兴趣，主动邀请我跟她对视。

计时开始了，我立刻发现她的眼神是特别坚定的，完全盯着我不动。这是典型的大 Power 权力型。虽然她的外在表现有点类似 Popular 社交型，实际上她是权力型。紧接着我发现她的表情变得特别严肃，不再是笑嘻嘻的样子。眼圈也慢慢地变红了，好像是为了一件事痛苦过很多次的样子。而且整个面部表情变得非常愤怒，同时还有一种遗憾的表情。她右边的嘴角还时不时轻微地抽搐。

这个抽搐的小动作，说明她没有完全表达内心的真实自我，是压抑某种情绪的微表情。看到这里，我很好奇，我就在内心对她说：姐姐，什么事情让你这么愤怒，让你这么遗憾呢？而且你还为此痛苦？

我反复问了她3次这个问题。突然，我的脑海中出现了一个画面：是年轻时候的她，一边哭，一边喊，一边跑着追一列刚刚开出站台的火车。

看到了这个画面后，我继续透过我的眼神问这个姐姐：到底发生了什么事情，姐姐？最后，终于出现了一个画面，是准备高考复习的画面。

我终于知道她内心的期待了。

在给我写下关于我性格的3个形容词之后，她很开心地说：你看到什么了？跟我说说吧。

我说：你是一个特别有领导力、洞察力的人，智商也很高。

她立刻说：没有你说的那么好，我真的是很普通的一个人。

我接着说：你是不是因为多年前的一件事情特别愤怒，而且很遗憾？

她没说话，带着疑惑的表情看着我。

我继续说：是不是因为考试的事情？

听到这里，她立刻说：是呀，当时1978年恢复高考，我差了一点没考上。真的只差了一点。而且那一年考试人很多。结果1979年考试的人就少多了。这件事都过去这么多年了，如果你不提，我真的都忘记了。

这件事其实对她一生的影响至关重要。可是她只能选择忘记，把它压抑到潜意识中。而我在1分钟之内就能与她大约40年前的记忆对话，与她的潜意识对话，在那个瞬间，我也很震惊。

我问她为什么没有再考一次。她说那时候家里条件不是很好，还有弟弟妹妹，所以就直接上班了。而且她妈妈也希望她早点上班。

我又问她，觉得遗憾吗？这个时候这个姐姐开始忍不住掉眼泪了，她说遗憾肯定有，现在同学聚会，当时同班同学考上大学的，级别都是局长以上了。

我跟她描述了我看到她跑着追火车的这个画面，她一边流着眼泪，一边说，确实那个时候挺遗憾的，不过都过去了，现在挺好的。

她后来工作了，找了一个普通的老公。虽然老公也有机会去外面打拼，但是他不喜欢，所以就放弃了，做着普通的工作。

我听到这里，也忍不住掉眼泪。因为看到这个姐姐，让我想起了我的父母，他们也是从小学习非常好，两个人都是班长，可是因为初中没毕业就下乡了，他们都失去了上学的机会，真的很遗憾。

这个姐姐的内心期待就是能够有机会赶上这辆火车，也就是说有机会上大学。可是命运弄人，让她错过了，并且她也没有继续争取。

再举一个例子。

有一个培训机构的管理员S，是个阳光大男孩，给人信赖感和安全感。

简单跟他介绍了一分钟对视的规则后，我们就开始对视了。5秒左右，我就看出他是Peace平和型。眼珠的波动极为细小，而且是有些内敛和向内收的眼神，同时伴随着轻轻咬嘴唇的微表情，内心不太自信，同时没办法100%真实地表达自我。接下来，我调整呼吸频率与他匹配，3次呼吸之后，就感受到他的压力指数到了黄色的区域。很快画面来了，竟然是他10多岁的时候跟女孩子表白被拒绝的画面。

一分钟结束了。

我给S的反馈是：你是Peace平和型，注重他人的感受，体贴敏感；做事情很认真，注重细节。这些他都表示认可。接下来我说：最近你的压力有点大。他说：压力一直都有。我继续说：你有些不自信，尤其是在人群面前，没办法真实地表达自我。他说：是的，不过因为工作关系，不得不在人群中讲话。最后我问：你是不是在初中的时候追一个女孩子，表白了但是被拒绝了？他说：让我想想是哪个女孩子。我补充道：也许不是某一个女孩子，而是代表了几个女孩子的一个女性形象，被我看到了。你面对着这个女孩子，很紧张，说话也不自然，但是最后的结果是被拒绝了。

他说：是的，因为我是Peace平和型的，特别欣赏Power权力型的女孩子的果敢和干练。这些女孩子们跟我做朋友的时候都很好，可是一旦表白，全部都拒绝。到现在我还是单身。

S的内心期待，就是得到女性同龄人的认可和欣赏。通过后来跟他聊天，我发现，原来他们家一共有5个孩子，他在家里排行老四。作为中间出生的孩子，是不被重点关注的。所以，对于女性同龄人，他期待获得她们的欣赏和认可，其实是来自对母亲的期待，期待母亲的关注，期待母亲的爱。

聊天的时候，我告诉S，如果他希望彻底改变亲密关系的模式，就要修复跟母亲的关系，而且要每天赞美鼓励自己，认可欣赏自己，让自己开心、自信起来。这样的状态，才会吸引对的人，进入美好的亲密关系。

再举一个例子。

在沙龙分享的过程中，我会跟来宾做对视的展示练习。有一位男士，大约30岁，正处于事业的上升期。跟他对视后，我立刻发现他的眼珠抖动属于Perfect完美型，轻微抖动。同时感受到胸口有点闷闷的，这就是压力达到黄色和红色的交界线了。紧接着竟然出现了非常清晰的画面。一个父亲跟儿子肩并肩地走在路上，路边长满了高高的树。父亲用右手搂着儿子的肩膀，边走边说："儿子，这个家就靠你了。"我脑海中出现的这个画面中的儿子，就是我面前的男士。所以，我立刻明白，他的父亲对他的影响非常大。我又在心里问他对未来的期待是什么。透过他的眼睛，我的脑海中出现了两个字"责任"。他的眼睛中没有开心、喜悦，只有责任。

一分钟结束了，我给这位男士反馈了他的性格，以及我看到的关于父亲的画面和"责任"的关键词。这位男士安静地听完我的反馈，说："老师，我的父亲在我初中的时候就去世了。所以父亲的去世确实给我造成了很大影响。但是您就这样看到我的父亲，好像有点可怕。"

我还给他反馈说，你的眼中并没有流露出真正的喜悦，所以你要开始学习为自己而活，而不要永远为了责任而活。不知道他能不能听懂我说的话。

在一分钟对视中，5层信息是按照下面的顺序获取的：

（1）观察眼珠的抖动，匹配4P性格特征。

（2）匹配对方呼吸，感知情绪压力。如果感知到了压力，再通过眼睛问对方压力的来源。

（3）持续匹配对方呼吸，直到出现画面。如果出现家人的画面，比如母亲或者父亲，就说明这个人对他/她产生的影响比较大。

（4）继续匹配对方呼吸，从头到脚扫描自己的身体，若感受到不适或疼痛，就说明对方在这些位置也存在身体的不适。

（5）不论是否出现了画面，或者身体的不适，不要停下，进一步通过眼睛问对方的期待，直到出现进一步的画面或者文字，这个画面或者文字，就是对方的核心期待。如果没有任何信息，则说明对方对未来并没有清晰的计划。

是不是看起来好简单，又觉得好神奇？

看到内心的期待，真的是很深的链接。要达到这个水平，除了之前所有的技巧都要熟练掌握之外，最重要的是要有美好的意图，带着美好的意图去看这个人。

什么是美好的意图呢？

就是带着好奇、关怀去感受对方。我相信，每个人的意图都是美好的。如果我们真的了解了对方的意图，而不是通过对方的语言去判断，相信人与人之间的沟通会更加顺畅。

看相片识人

我在看人做练习的过程中，偶尔也会有朋友让我看相片。随着我面对面识人能力的提升，我真的可以做到看相片识人。

这里举几个例子。

某手机制造公司的 HR，曾经来参加我的"一分钟面对面识人"第一期课程，目的就是学会后可以在面试的时候看候选人，帮助她做决策。在课程当天，这位 HR 跟我说，老板要选一个男生，有一位候选人各方面都很好，但是她不是很喜欢这个候选人，她喜欢另一个女生。希望我给她一些反馈。这位 HR 问我，看相片是否可以。

我说可以的。当我看到这个男候选人的相片时，我立刻从他的眼神当中感受到忧郁，而且压力很大。很快，我就感到整个头皮发麻。这说明这个男孩子思虑过重。

我把我的感受分享给这个HR。结果她立刻说，难怪我感觉不舒服，你说的是对的，我也有类似的感受。

人与人之间是有能量感知的。

陈宇廷所著的《念完哈佛念阿弥陀佛》（三秦出版社，2015年2月出版）中也有类似的记载。在第99页，有这样的表述：

> 比如，有一位能直接看出别人身体的病症，甚至我父亲拿朋友的照片给他看，他都能讲出问题所在，我父亲打电话向朋友们确认，他们都很惊讶地说："你怎么会知道的？"
>
> 这种事无法用巧合来解释，他不可能认识这些人，而

且大多数朋友的身体状况我父亲也并不清楚。我父亲问他是怎么做到的，他说："每看到一个人，我就会把自己放在与对方共振的状态里，对方哪里不舒服我也会不舒服，所以我就知道他身体的问题。"

第一次看到这段文字的时候，我真的很兴奋。我知道世界上肯定不止我一个人可以看到别人的内心。在世界的其他地方肯定有人可以做到，很多年前，也肯定有人可以做到，甚至可以感知到更多信息。这段文字更加激起了我探索研究的信心。

再举一个例子。

当我开始想进一步研究识人背后的理论时，我就开始希望联系到牛津大学心理学专业或者神经科学专业的博士。通过万能的朋友圈，我还真联系到了一位目前在牛津大学读书的神经科学博士后。

我的朋友简单介绍了我的需求之后，这位博士后姐姐对我的研究立刻产生了兴趣。随后发了她的正面相片给我。看着她的眼睛，我立刻感觉到她是做事非常认真、很有责任心的 Perfect 完美型，并且我的头皮开始发麻，我知道这是思虑重、睡眠不好的结果。紧接着，我又感受到我的胸口有沉重的压力。我就在心里默默问她：是家庭的压力吗？是事业和学业的压力吗？我接收到的信息是：这两方面压力都有。之后就再也没有更多的信息出现了。

当我把我感知到的信息都反馈给这位博士后时，她也很惊讶，说：你竟然能从我的微信头像看到这么多信息。有趣的是，她立刻就换了一张相片，不再用那张看起来很有压力的相片了。

　　我问她：我是否有可能去牛津大学进行学习研究，探索我看人背后的理论知识？非常感谢这位博士后姐姐亲自帮我去打听。可是目前的博士生导师没有研究这个方向的。看来我自己的探索之路还要继续。

第四章
自我沉淀的心得篇：
练习,练习,再练习

　　练习，持续的练习，才带领我做到精准识人，也带领我有机会通过文字跟大家分享我的收获。

I will be back!

　　施瓦辛格曾经说过：你看着我锻炼，你是长不出跟我一样的肌肉的。所以，你看着这本书，不去练习，是无法具备跟我一样的识人能力的。

练习，练习，再练习。

2016年3月到现在，我的练习持续进行。从看30人到50人到100人，经历了第一个里程碑，我可以精准地看出任何人的4P性格了。到目前，基本上只要对视10秒，我就能了解对方外在和内在的4P性格地图分布了。从2016年8月我开设培训课程以来，所有学员在看了30人之后，都可以精准地看出任何人的4P性格分布。当然也有一位学员看了10个人左右，就不仅能看出性格，还能感受到对方的压力，对方身体的疼痛，看到画面和对未来的期待。当然这跟天分是有直接关系的，每个人的起点不同。所以，如果你想真的拥有识别任何人性格的能力，请设立至少看100人的目标。

看到300人，是我的第二个里程碑。在这个阶段，我已经可以很精准地掌握对方的压力值，感受到对方当下的情绪，还可以感受到一部分人身体的病痛史。

看到500人，是我的第三个里程碑。在这个阶段，我可以精准地感知对方原生家庭的模式，受妈妈还是爸爸或者其他家庭成员的影响更多。这个画面越来越清晰。

看到700人，是我的第四个里程碑。在这个阶段，不仅之前的所有信息能够更加清晰、高效地获得，我还能感受到对方的意图和期待。然后我就特别能理解对方，真的会产生高度的觉察和强烈的同理心，沟通也变得特别顺畅。

完成1 000人改变了我的生活

从2016年3月到2017年2月，我完成了与1 000人的一分钟面对面对视练习。回顾我目前看过的所有人和我自己的感受，我深深地感受到每一个人的能量都在我身上流淌。这是非常棒的体验，因为正能量在流动。

因为我专注地做一件事情——面对面识人，所以我真的修炼到只需要1分钟就能精准识人。

也许你觉得很神奇，甚至不可思议。没关系，我做到了。而且我也因为这个面对面识人，彻底改变了自己。

为什么说我改变了呢？有数据为证。

在2年前我刚接触4P理论的时候，我做过肌肉测试，4个分数分别是：Power权力型9分，Popular社交型8分，Peace平和型2分，Perfect完美型3分。这是非常不均衡的分布。所以，你可以想象，当时我的性格是外向、急性子，同时我不注重别人的感受，特别自我。只关注结果，对关系和情绪几乎不关注。所以我当时的人际关系真的不太好。可是我自己却没有觉察。

在我持续而专注地做了面对面识人的练习之后，我再次进行了测评，我的4P结果是：Power权力型8分，Popular社交型9分，Peace平和型10分，Perfect完美型8分。分数比2年前更平衡了。更重要的是在不到一年的时间内，我的Peace平和型从最低分2分增加到了10分，成为最高分。

两年前 ②

Popular	Power
8	9
Peace	Perfect
2	3

现在 (New)

Popular	Power
9	8
Peace	Perfect
10	8

如果你了解Peace平和型，你一定知道，这个类型的人，是最友好、最体贴的性格，总是很关心别人的感受。真的很难想象，曾经是Power权力型和Popular社交型高分的我，突然变得非常关注别人的感受，这是多么大的提升啊！我突然意识到，我变得更加柔和了，对人的情绪感知更加敏锐了，我的人际关系更好了，同时喜欢我的人越来越多了。当我的内在发生变化后，和我对视的陌生人给我的3个性格方面的形容词也从最初的"坚定""执着"，变成了"温柔""和蔼"，甚至还有人给我的评价是"慈祥"。我变了，别人眼中的我，也变了。

当我自己感受到变化，感受到我内心的喜悦时，我特别愿意跟大家分享。在我跟大家分享的过程中，有公司的HR反馈说，你这个技术很适合HR面试，快来教教我。也有朋友说，太好了，相亲的时候我可以用起来，只要1分钟，就可以知道这个人适不适合交往，效率真高。还有更多的朋友说，我要是学会了，只要跟任何人对视1分钟，就可以知道他们的性格，那我就可以匹配对方喜欢的样子去跟他们沟通，这太棒了，在生活各个方面都可以用到。

我分享得越多，朋友们积极的反馈也越多，就这样在2016年8月28日，我开办了第一期"一分钟面对面识人"课程。参加的22位学员，基本都是公司的HR。大家的反馈表平均分是4.225分（满分为5分）。2016年9月13日，举办了一场3小时的公开课，有45人参加。统计后，反馈表平均分是4.265分。这真的给了我很大的鼓励。

接下来，我又到Toastmasters国际英语演讲俱乐部做免费分享，大家也都非常感兴趣。

正所谓教学相长。随着我不断分享我的收获，同时继续对视练习，我的反馈也越来越精准。我统计了最近的200次对视（1 200次到1 400次），大家给我的平均分为8.59分（1分最低，10分最高）。

之后有一些培训机构也跟我继续合作，我的课程也持续开班。

在开课的过程中，我突然想如果有一本书，就可以帮助大家更全面、更系统地理解这个技术，更好地帮助学员达到他们期待的效果。同时，我也不用每一次重复讲一样的内容了。

就这样，顺理成章地决定写书了。

回顾2016年3月写下100个梦想的那天到现在，我的生命真的与以前完全不同了。在此也证明了100个梦想，100个行动计划，真的可以改变人生。前提是，你写下来之后，在24小时之内开始行动，同时持续行动，直到完成。

完成1 000次对视提升了我的情商

情绪智力（Emotional Intelligence）由美国耶鲁大学的萨洛维(Salove)和新罕布什尔大学的玛依尔(Mayer)提出，是指"个体监控自己及他人的情绪和情感，并识别、利用这些信息指导自己的思想和行为的能力"。当时他们针对销售和经理人做了调研，结果发现业绩表现好的销售和经理人，都有着特别高的情绪智力。

他们认为情绪智力可以分为5个方面，如图4.1所示。

在我练习面对面识人的过程中，我明显感到自己在这5个方面都有了巨大的提升，而且是在非常短的时间内获得了巨大的提升。我对于自己当

图4.1　情绪智力的五个方面

下的情绪有更敏锐的感受和觉察了。当我有了觉察后，我就可以更加有效地管理自己的情绪。我经常会问自己：我到底是要目标还是要情绪？因为没有了情绪的内耗，就能更好地达成目标。情绪没有好坏之分，只有有效和无效情绪。保留有效情绪，去除无效情绪。在这个过程中，因为我保留了更多的有效情绪，我的幸福指数明显上升了。我感觉每天都特别开心，每天都向着自己的梦想和目标在努力。

因为我可以只用一分钟感受到对方的情绪、压力、内心的期待和意图，我对于认知他人情绪的准确性和时效性已经远远超出了我的想象。

随着自我管理情绪能力的提升和认知他人情绪能力的提升，我变得更加有同理心了。所以，对于任何一个陌生人，我都不会像以前那样带着很多判断、评价去沟通，而是清空自己的思绪，全然去感受对方。这样做的好处是，我的思维模式改变了，交流时的语言模式改变了，行为模式也改变了。人际关系真的变得越来越好。

我把这种能力概括成3个秘诀。

秘诀一：照镜子。

秘诀二：挠痒痒。

秘诀三：同频共振。

秘诀一：照镜子的意思是，消除自我的思绪，清空自己，开启身体的全面感知，全然感受对方。

秘诀二：挠痒痒的意思是，不同性格的人，有不同的内在需求。但是所有人都喜欢赞美、鼓励和认可。区别是，不同性格的人，接受不同形式的赞美、鼓励和认可。你要学会用对方最喜欢的方式去挠痒痒，把对方真的挠笑了，关系就拉近了，

信任就增强了。接下来不论是做朋友聊天，还是做生意谈判，都会更加顺畅而开放。

秘诀三：同频共振的意思是，每个人的生活经历和家庭背景不同。当你能够通过一分钟对视感受到对方的原生家庭时，就知道这个人经历过什么，为什么会成为今天这个样子，你就会更加理解对方的言行和思维模式。当你真的了解了对方的过去，跟他同频共振了，相互之间的链接就会更加紧密。

所以，如果你想在最短的时间内提升自己的情绪智力或者情商，请尽快完成1 000个面对面识人的练习，你一定会有特别大的改变。当然挑战也很大，能坚持下来，真的不容易。

期待看到不同国家的人群，拥有看世界的眼睛

目前我完成了与1 400多人的对视，大部分都是中国人。年龄跨度从3个月到80多岁。职业跨度从学生、餐厅服务员、销售代表、IT工程师、培训师、经理、导演到VP（公司副总裁）甚至是跨国公司CEO。少数是外国人，包括韩国人、日本

人、俄罗斯人、美国人、德国人、法国人、波兰人。这些外国人的数量加在一起不超过50人。我最大的感受是日本人的压力最大，其次是中国人，韩国人压力指数排名第三。欧洲人内心的压力指数普遍较小。因为我的外国人样本非常有限，我也期待今后可以用"一分钟面对面识人"的技术，做一些跨文化方面的研究，让我拥有一双看世界的眼睛。

第五章
令人羡慕的实操篇：
面试招聘时的运用

　　"一分钟面对面识人"技术的应用，是本书的另一个重点内容。这里会结合很多我的亲身经历，跟大家分享。各位读者，如果你是某个行业的从业人员，有丰富的相关经验，也特别欢迎你跟我共同探讨，如何更好地支持你们，在工作中，充分运用识人术，提升工作业绩和表现。

　　为了能够更好地展示"一分钟面对面识人"技术在行业中的具体运用，在2017年2月春节之后，我正式加入了一家户外广告招商的民营企业做招聘经理。

　　2月13日，我正式开始实操"一分钟面对面识人"在招聘中的运用。

　　首先运用几个招聘网站筛选候选人，然后电话通知面试。在这个过程中会问一些常见的面试问题，比如："上一份工作的具体工作内容有什么？""为何离职？""为什么选择销售行业？"

　　在第一轮电话面试的时候，我已经可以根据对方的语言、语调、语气，大概判断出对方的性格。

　　当我们实际对视超过100人后，你就可以做到不用看眼睛1分钟，也能判断对方的性格了。同时还有一个副产品，听声音或者看肢体动作，也能判断出对方的性格特征。有研究表明，97%的信息都是通过非语言的肢体动作、语音语调、面部表情传递的，只有3%是通过文字语言传递的。所以在练习对视的过程中，就是拿掉了文字、语音语调，只留下眼珠的微表情和面部的微表情。当我们看人的数量多了，通过相片，也能看出很多信息。所以面试人简历中的相片，也会对判断产生一定的影响。

在结束电话沟通之后，就可以确定面试时间。通常我的流程是这样的：

（1）纸质4P测评。

（2）对话沟通，了解面试人的专业背景及相关工作经验，并通过语音、语调了解性格。

（3）一分钟对视，了解面试人的性格特征等其他无法通过纸质测评和对话获得的信息。

我共面试了40人。最终8位成功入职。我认为用"一分钟面对面识人"的方式，可以大大降低员工招聘成本，提高招聘效率。

举几个实际案例。

面试

先说一下对销售的面试。

M先生是来面试销售的。他的相貌很粗犷，很壮实，人高马大，在我看来属于非典型性上海人。不拘小节的发型（其实是有点乱），胡子也是霸气的络腮胡。我看过他的简历之后，跟他进行了简单的沟通，发现他做事情很有目标和条理，说话也是简单明了，喜欢用确定性的语言。因为他在之前的工作中做过销售，并且带过销售团队，同时也做过运营和培训，所以语言表达、思路都非常清晰。所以，我就推测，他是属于明显的Power权力型。

后来我跟他进行了一分钟对视，发现他果然是一个大Power权力型。他的目光非常坚定，整个表情都透露出自信。并且我从他的眼神中，感受到他有目标，有行动力。不过，我也从他的眼神中读出他内心有些骄傲，对自己有点估计过高。所以在反馈的时候，我特别指出骄傲这一点。他听到我这样评价，也点头承认，认可我所说的骄傲这点。我给他的建议是，有自信非常好，有丰富的销售经验也非常好。如果内心的骄傲表现得过于明显，可能会影响到与团队领导的沟通以及与团队成员的配合，最终也会影响自己在工作中的满意度，所以从员工关怀的角度，我给他的建议是可以适当谦虚一些。他也表示认可。

接下来，部门经理Y女士面试了M先生。反馈也很不错，说他思路清晰，并且愿意寻找以前公司的资源，看能否转换成现在公司的资源，开拓销售渠道。部门经理说M先生是特别有行动力、有目标的人，非常适合做销售。

可是部门经理Y女士没看出M先生内心的骄傲。

面试结果是同意M先生入职。

在M先生工作一周后，我跟部门经理沟通时发现，M先生的骄傲性格已经展露了出来。M先生对于工作有一些不满意，并且对于领导并没有发自内心的欣赏和钦佩。因为对于Power权力型这类人，他们只会跟随让他们欣赏的领导，或者说比他们厉害的大Power，其他人他们看不上，很容易离职，或者在工作中有情绪。后来，M先生推说家中有事，一个月都没有上班。我估计一方面确实家里有事，另一方面他已经开始找下家公司了。

从这个真实案例中，我们可以看出，如果只是做纸质测评或进行面试的对话，是很难了解面试人内心深层次信息的。

所以，对于M先生，如果我选择他加入公司，我会选择让他加入另一个团队。让一个Power权力型的男士接受女领导的管理挺有难度的，除非这位女领导真的各方面都出类拔萃。

L先生面试的也是销售，他比较年轻，1989年出生，以前做过会展策划和招商。沟通之后了解到，他还是觉得自己比较适合做销售，所以从原来的行业转做销售。

但是我跟他对视一分钟之后，发现他是权力型，眼神很坚定，并且没有任何眼珠抖动。他有目标，可是却没有动力和热情，缺乏强烈的推动力。我没有感受到他对于目标的热爱和对结果的强烈渴望。同时我也感受到我的胸口有点堵。我猜测L先生还是有梦想有目标的，只是还没有真正发挥出潜力，有点迷茫，不知道该往什么地方用力。

后来进一步沟通才知道，原来他们做会展并没有业绩指标，很多都是事务性的工作，所以狼性不足。悠闲的工作状态久了，一定缺乏推动力。

所以，我的建议是把他作为人才储备。

面试的结果是HRD和部门经理最终聘用了L先生，因为他有会展行业的经验，有可能会有客户转化成目前公司的客户。我觉得L先生可以做销售，但不是最好的销售。如果能发挥激情和动力，还是会产生绩效的。

L先生工作一段时间之后，我经常看到他一大早来到公司打卡，然后先去跟同一个小组的同事在公司门口的花园抽烟聊天。并且L先生外出拜访客户的时间也很有限。大部分时间都是在公司。一直到我在这家公司结束面试工作，L先生还没有找到任何一个潜在客户。

通过这个例子，我想表明的观点是：

（1）最适合做销售人员的是Power权力型和Popular社交型。权力型以结果为导向，所以会产生绩效。社交型喜欢跟人打交道，天生喜欢社交，有很多资源，也很灵活。

（2）如果Power权力型内心没有热情和动力，就好比动物园笼子里的老虎，有能力捕食猎杀，却等着饲养员喂食。这样的老虎来到野外，需要时间适应野外的生存环境，所以公司要有耐心培养，有耐心等待。

（3）在最开始的面试中，我并没有使用纸质测评，因为我自认为一分钟对视看性格非常准确。但是后来我发现，如果要让HRD或者部门经理及公司老板认可我的识人结果，纸质测评是很重要的依据。所以在后续的面试中，我就持续使用纸质测评了。

下面是对法务的面试。

法务是一个对专业技能要求很高的岗位。面试人中有一位W先生很特别。

他的纸质4P结果是：Power权力型3分，Popular社交型5分，Peace平和型4分，Perfect完美型7分。

接下来我根据他的简历进行了简要沟通。他说话非常有逻辑、有条理，并且语气非常肯定。所以沟通下来，我认为他的专业度是不错的，非常严谨。所以在沟通的过程，我猜测他是Perfect完美型。但是这个候选人的外在形象不太过关。40多岁的年龄，脸上依然有很多痘痘，并且脸型是很方的国字脸，看起来就挺厉害，不苟言笑。

与W先生一分钟面对面识人的结果：眼神很坚定，内心是一个大Power，高分的权力型。这跟纸质测评的结果并不一样。眼神透露出第一个信息是老奸巨猾，第二个是做事狠毒，有手段。我感受到他目前心中还有很大的压力，因为我的胸口感觉紧张，有点闷闷的。

我不推荐和这样的人合作。

对比纸质测评和对视测评结果，我更愿意相信对视的结果。原因有以下几点：

（1）纸质测评受主观影响很大。候选人可以根据自己的喜好或者意图选择不同选项。所以信度不是最高。

（2）纸质测评会受到生活环境、教育方式和工作方式的影响，只能展现某一个瞬间的外在行为表现。无法深入内心，了解行为背后的意图。

（3）对视过程中，眼珠的抖动是不受意识控制的，是自动自发的习惯性行为。所以信度极高。

为何这位面试者纸质测评Power分数最低，Perfect分数最高，但是对视测评却是Power分数最高呢？我的理解是法务的工作要求严谨，有逻辑，擅长分析。这些都是Perfect类型的优势。所以是教育和工作环境塑造并且强化了这部分性格，并且候选人本人也认可这样的价值观。因此测评结果反映了外在环境影响下的性格。

一分钟面对面识人看到的是内在的天性和过往经历，以及这些经历背后的价值观和意图，是更加深层次的冰山下面的隐形部分。

因此，W先生的专业度是完全没有问题的。但是他眼神中的老奸巨猾和凶狠的信息，让我做出的决定是不推荐。

W先生紧接着跟HRD进行了第二轮面试。HRD也认可W先生的专业度。但是让HRD担忧的是也许W先生会比较较真，阻碍公司的销售人员跟客户签订合同。

W先生在几天之后跟公司老板面试。结果是老板非常欣赏他的专业能力，也热情邀请他加入该公司。W先生推说要跟上一家公司交接，至少需要2周时间。

在即将办理入职的前几天，W先生突然联系HRD，借口说体检结果不太好，无法来公司入职，但他并没有提供医院的体检证明。所以最终的结果是大家都白忙了。

通过这个例子，我想表明的观点是：

（1）当测评结果不一致的时候，相信对视测评和身体的直觉信息。

（2）不建议跟内心压力指数高的人共事合作。

第二位是法务L小姐。

她的纸质4P结果：Power权力型3分，Popular社交型3分，Peace平和型6分，Perfect完美型7分。

一分钟对视的结果：完美型分值最高，其实内心也有很强的Power权力型特征，因为眼神中透露出坚定和信心。随后眼神逐渐流露出眼泪汪汪的神态，紧接着出现妈妈批评指责的画面。后来沟通时了解到她从小家庭经济条件不好，妈妈的教育方式是打压批评的方式。L小姐内心的痛苦，都通过冷静的表情隐藏起来。她表现出的冷漠和淡定，其实是为了保护受伤的内心。内心深处，L小姐其实是一个很温柔、很善良的女孩子。当前没什么大的压力。推荐入职。

L小姐非常年轻，1992年出生。所以作为法务而言，经验尚浅。从她的简历中看出，她跟法务相关的工作经验其实只有一年。所以在后续跟HRD的沟通中，也表现出在经验方面略有不足。不过从专业度来讲，一方面，L小姐通过了司法考试，并且拿到了证书；另一方面，L小姐话不多，却又透露出一股坚定的力量。所以我推荐她，希望公司能够给她机会。

最终结果是L小姐到另外一家子公司担任法务的工作。工作一段时间后，子公司的经理助理反馈说，L小姐工作很认真负责，只是因为欠缺经验，所以在决策方面不够强有力，如果有经验丰富的法务主管带领，会有很大的进步。

通过这个例子，我想表明的观点是：

（1）一个人对于自己的专业度是否自信，从眼神中也可反映出来。

（2）专业技术人员一定要有责任心。所以Perfect完美型分数即使不是第一项高分，也要是第二高分。

（3）Peace平和型分数比较高或者眼神中透露出一定温和友善神情的人，适合团队合作，会关注他人感受，在工作中不会固执己见。

第三位是法务H先生。

他的4P结果：Power权力型4分，Popular社交型2分，Peace平和型6分，Perfect完美型7分。

一分钟对视结果：Perfect完美型+Peace平和型。H先生非常有责任心，同时也很善良，能体谅他人。更重要的是即使自己内心有很大压力，也会善待周围的人，是值得信赖和依靠的。因此满分推荐。

H先生已经40多岁了，在法务方面非常有经验。并且曾经帮助一家制造型企业梳理内部的法务流程，还担任过这家企业的区域销售经理。他既懂得法务专业知识，还具备销售和销售管理的经验，因此是很好的专业人才。并且在对视一分钟的过程当中，即使感受到了他有一定的压力（房贷和小孩上学），却没有难受的感觉。并且在对话沟通的过程中，H先生也是面带微笑，谈吐优雅。

最终的结果是，公司目前的业务发展并不需要这样高级别的专业人才，只是需要审阅合同的法务专员。所以H先生的能力远超公司的岗位要求。

通过这个例子，我想表明的观点是：

（1）选择什么样的人，是必须根据公司当前的需要来选择的。所以，岗位需要什么样的性格及能力，已经可以确认面试人的范围。超出范围的，都属于非最佳人选。

（2）情商是衡量一个人职业晋升的重要依据。情商高的人，表现形式是4P分数相对比较平均，或者说这个人的性格各方面丰富，善于调节自己的状态适应不同的环境。越是公司内级别高的员工，4P的分数越是平均并且高分。说明随着年龄的增长，人在不同岗位会有不同的成长，所以4P的测评结果也会随着人的变化、环境的变化而变化。

（3）不论4P是否随着年龄或者职业改变，这个人的核心性格是不容易变的。而这个核心性格，也就是在对视一分钟最后出现的眼珠波动对应的性格。因此在面试中，可以根据岗位需求与面试人的核心性格的匹配度，选出最佳候选人。该公司只需要一个完美型的员工做具体事务的法务，并不需要太多的领导能力，所以一分钟对视，只需要眼珠波动对应 Perfect 完美型的性格就可以了，并不需要眼珠波动对应 Power 权力型的性格。

下面再讲讲人事专员的面试。

第一位是 X 女士。

她的 4P 结果：Power 权力型 3 分，Popular 社交型 3 分，Peace 平和型 5 分，Perfect 完美型 7 分。

一分钟对视结果：X 女士的眼神来回抖动，是明显的 Popular 社交型。很快她眼神中透露出难过，也是泛着泪光的眼神。同时我感受到她心中有很大压力。按照我的分析，她属于社交型，只是没有发挥自己的优势，总是随着外在环境隐忍自己的性格。这就是她难过的原因。当我跟她呼吸同步的时候，立刻感受到她的压力已经到了红色区域，也就是我的胸口到嗓子都很有压迫感，很难受。我在一分钟对视之后问她，是不是压力很大。她说是的，因为儿子小升初，现在四年级，很关键。当然我能感受到她还有来自生活中其他方面的压力，只是她不方便跟我在面试的时候说。另外，我能感受到她很听话，不会反抗，太隐忍。人很善良，但是会被欺负。在工作中，是听话照做的人，不过创新性不够。如果做人事专员，做老好人是没有问题的，做一些事务性的表格、考勤、交社保公积金这类型的工作都没有问题，但是从情商方面来说还是有欠缺的，没办法走到管理岗位。从长远角度讲，她并没有期待在工作业务方面进一步发展，满足于现状。所以做专员可以，但未来没有可能做领导岗位。因为她对工作没有企图心。这也说明了这位 35

岁的X女士，为什么工作这么多年，依然还是做人事专员这样基础的工作。

面试的结果是没有录用。

通过这个例子，我想表明的观点是：

（1）基础工作是任何人都可以做的，但是Popular社交型性格的人如果长期做重复的事务性工作，就是在压抑内心的天性。通常事务性的工作，比较适合Peace平和型和Perfect完美型，因为他们都不喜欢太频繁的变化。

（2）对未来的工作没有期待和规划的人，是不值得培养为领导的。所以满足现状、没有企图心的人，就让他们做好本职工作吧。

（3）了解自己的性格，把自己放在合适的环境，顺应天性，不委屈自己，是提升生活满意度很重要的原则。每个人都有创造环境的能力。

第二位是H女士。

H女士个子很高，大约一米七左右。大波浪的长卷发，样貌也很漂亮，说话也很温柔。所以刚开始沟通的时候，我判断她是Peace平和型，觉得她人挺好的。只是她做了10多年的行政工作，没有任何人事方面的经验。

她的4P结果：Power权力型1分，Popular社交型3分，Peace平和型8分，Perfect完美型7分。

一分钟对视结果：对视刚开始的时候，我仍然保留先前的印象，觉得她人还挺好的。但是对视了几秒钟之后，立刻发现她眼中透露出的是心机，甚至有一些狠毒。而且她上下左右打量我的眼神，让我感到非常不舒服。因为H女士是瓜子脸，瞬间就让我联想到了"蛇精"。所以，我的感受是真的很不喜欢与这样的人共事。后来的几秒，我立刻调整自己的呼吸，我用眼神对她说："其实你这么有心计，也是为了生存，也是为了更好地活着。"当我用眼神跟她说了3遍这句话后，突然她的眼神变得没有那么有心计了。可是当我停止说这句话后，她的眼神又变得非常有心计，那股狠劲又出现了。结束对视后，她给我反馈的3个形容词是：很有亲和力、安静、善于思考。我对于"善于思考"的理解就是她自己有心计的镜面反应。她自己善于思考，有心计，说我善于思考。是不是很有趣？

紧接着HRD对H女士进行了面试，HRD说她非常嗲，也不喜欢她这种类型。说她适合跟男人一起工作。我说H女士这样的性格群众基础应该不好，并且当个人利益和集体利益冲突的时候，选择的一定是个人利益。所以最终结果是没有入职。

通过这个例子，我想表明的观点是：

（1）每个人行为背后都有他们的意图，而这个意图对他们自己而言都是好的。

（2）眼神可以传递信息，并且对方都会接收到，还会有回应。

（3）每个人都用他们自己的眼光看待别人，我是"善于思考的"，我也觉得你"善于思考"。这是一种投射心理。

关于面试，我还有一个亲身的例子，如果不是因为运用了"一分钟面对面识人"，我很可能会做出错误的决定。

几个月前，我希望请一位美国人跟我做一对一辅导，提升我的发音水平。我是英语专业硕士毕业，又做过多年的大学英语老师，同时也做双语主持、翻译，积极参加英语比赛，所以我的英语水平还是不错的。对于辅导我的老师，我有很高的要求。最后终于有一个老师来面试了。我们就叫他J吧。

J准时到达约好的咖啡厅。他背着黑色的双肩包，边上插了一个很大的塑料水杯。脚上穿着一双很旧的Cross凉鞋，身上穿着一件很旧的T恤，左肩的地方还有一个破洞。他后脑勺的头发是翘起来的，明显就是没有梳头直接出门的样子。所以我对他的第一印象已经不及格了。但是因为是朋友推荐的，就继续进行面试。我对自己说，人不可貌相，也许这个人还不错吧。

接下来，我们聊了2个小时，我对他的印象分从不及格逐渐上升到了85分。最让我觉得不错的地方是，他自己也作曲，在家制作音乐，对于文字有很强的感知力。我觉得这方面对于我的发音和演讲会有很大帮助。

在最后决定之前，我心想，让我跟他对视一分钟，说不定可以有什么新的信息供我参考。

介绍规则之后，J很有兴趣，立刻同意了。

我在一分钟对视最开始的10秒，就立刻看出他是一个大Popular社交型。所以他喜欢音乐，自己做音乐。可是随着秒针一秒秒的跳动，J的眼神变化了，他的瞳孔慢慢变大，出现了惊恐的表情。而且还不时地抿了几次嘴，这是非常不自信的表现。当我把呼吸调到和他同一频率的时候，我突然感受到巨大的压力，从胸口一直到嗓子都不舒服。天哪，为什么会是这样？

我内心问J：你不是马上就要跟未婚妻结婚了吗？为什么完全没有幸福快乐的表情，反而出现了惊恐的表情，而且竟然压力这么大？我一直在问这个问题。结果我的头皮开始发麻了。

我知道，这是对方思虑过重，总是不停思索的反应。

一分钟到了。

J又恢复了开心的表情。在他给我写下3个关于我性格的形容词之后，我对J说，既然我们有共同的朋友，我就有话直说了。他说好的。

我问他，你为什么有这么大的压力？而且你马上要结婚了，为什么一点都不开心，眼睛中反而是惊恐的表情？

他瞬间呆住了。但是很快，J说，因为家人从国外来上海，所以有很多事情。他解释了一堆，但是我打断他，我说：你不爱你的未婚妻，为什么要跟她结婚？J低声说：我爱她。我立刻打断他说：你不爱她，你别骗人了，你的眼睛已经给了我答案。J低下头不讲话了。

我知道这是他的私事，与我无关。所以我跟J说，我不会跟我们共同的朋友说我们刚才的谈话的，我保证。我只是希望你如果选择结婚了，那就努力做到最好吧。J继续沉默。

我继续说，既然你现在的状态是处于巨大压力之下，那要不要等你压力小一点了，再开始一对一的辅导？J立刻说，不，我希望立刻开始。那一刻我知道了J缺钱，他希望立刻成交。这种希望立刻成交的感受让我非常不舒服。我立刻决定不请他做我的老师了。我对J说，我们还是等你情绪更加稳定后再开始吧。

最后J默默地离开了。我能感受到他的沮丧。我当天给他发微信，希望继续保持联系，可是他从那天起到现在，一直没有回复我。

我也很难过。因为作为一个研究了一段时间心理学的人，我期待能够帮助他摆脱那个恐惧。但是J选择不告诉我他恐惧的原因，我想我们之间的信任还没有建立起来。好吧，既然我不能帮助他，就只能祝福他。但是我不会跟他合作，请他做我的老师。

马歇尔·戈尔史密斯（Marshall Goldsmith）在全球最有影响力的50位思想家中排名第一。他曾经说过一句话：我只跟成功的人合作。

这句话，我特别认同。每个人对于"成功"的定义不同。我理解的"只与成功的人合作"是只跟具备高情商的人合作。对我来说，成功的人不是物质方面多么丰富的人，而是情绪管理方面的高手，即使面对再大的挑战，也能够从容淡定、不疾不徐应对处理的人。

所以，我选择的紧密合作伙伴，都是这些具备高情商的"成功人士"。并且在合作的过程中，具备高情商的人不会把自己的负面情绪向外散播，影响周围的人。他们懂得如何有效地管理情绪，释放情绪，与情绪和平共处；觉察到情绪背后的意图和期待，而不是仅仅选择压抑情绪。低情商的人往往只懂得压抑自己的情绪。长此以往，要么负面情绪向内影响自己的身体，要么负面情绪向外爆发影响周围关系紧密的亲朋好友。

在我看来，与高情商的成功人士合作才是最有创造力、最有意义和最快乐的事情。

高潜力人才储备

在我积累对视人数时，我去的手机公司的研发部的领导遇到了一个情况。团队中有一位中层领导怀孕了，马上要回家待产。所以团队面临的问题是要从团队中选择一个人接替她的工作。所以我去了公司，现场看了团队 2 位待提拔的候选人。

与第一位候选人对视一分钟后，我立刻发现他是一个大 Perfect 完美型，喜欢独立分析思考，注重品质，特别有责任心。对视结束之后，

我跟他沟通，他说自己也在考虑职业发展往哪个方向走：一条路是走管理路线；另一条路是走专业路线，一个项目结束之后，进入另一个项目。

我跟他分析，作为一个Perfect完美型，如果做管理，一般管理的团队人数在5～20人是可以把控的。管理超过50人的团队，就特别吃力了，会有力不从心的感觉，压力也会特别大。

如果Perfect完美型走专业路线，是符合内在性格的。因为完美型的人特别不喜欢肤浅的、散漫的、吃喝玩乐式的社交，他们更倾向于自己独立完成一个有挑战的任务，同时对结果的要求特别高。所以有时候他们对自己的这份精益求精或者是挑剔，在跟团队合作的时候会不被理解，会被误解为过分挑剔，过于计较细节。所以从内在性格讲，完美型的人更适合走专业路线，不适合担任职位高、管理大团队的职务。不过担任中层领导还是可以尝试的。

听了我的反馈，他连连点头，说自己确实不喜欢管理，不喜欢要求别人做事情。只要自己完成任务就很开心。还说会考虑我的建议。

另一位候选人是女生。我跟她对视了一分钟，发现她是一个眼神特别坚定的Power权力型。可是有一个微表情却显示了她的不自信。她在不停地咬嘴唇、舔嘴唇。这个时候我立刻跟她对话，我透过眼神问她：亲爱的，你是一个特别聪明、有领导力、有洞察力的女孩子，为什么你不自信呢？我看着她整张脸，用我的整个身体去感受她。后来，我接收到了一个画面，是她小时候她妈妈批评她的画面。

谜底揭开了。这是一个受妈妈影响非常大、几乎没受太多爸爸影响的女孩子。妈妈总是批评她，很少鼓励赞美她。因为这个画面中只有妈妈在批评小女孩，根本没有出现父亲的形象。

一分钟结束之后，我给这个女孩子反馈。我问她是不是从小受妈妈影响很大，并且妈妈总是用批评的方式教育她。她说是的，妈妈非常严厉，还会打她。

我跟她说："你其实是非常有领导能力也很聪明的女孩子，你知道吗？"

她说："小时候我学习还可以，但是只要考试不好，妈妈就会批评我。我不觉得我有那么优秀。我总是怀疑我是不是做对了，也不确定自己能否真的做好。"

听到这里，我觉得妈妈不正确的教育方式，真的是扼杀小朋友的天性啊。

一个特别有魄力、洞察力和行动力的天生的领袖，就被从小的批评声淹没了，变得没有主见，没有自信。

这让我想起了多年前看到的一个故事：一个马戏团着火了，大家纷纷逃跑，动物也纷纷出逃。可是一头成年的大象被拴在一根细小的链条上，活活被烧死了。因为这头大象从小就被这个链条拴住，小时候力气小，无法挣脱，慢慢就不去尝试挣脱了。等它长大成为成年大象后，依然认为自己无法挣脱这根细小的链条。悲剧就发生了。

写到这个女孩子，我又想起之前高考落榜的女士，她们都是有天赋、有才华的人，一个是因为在批评的环境中长大，失去了自信；另一个是因为错过机会，遗憾终生。真的好可惜。

看完这两个候选人，团队领导来跟我沟通，听取我的意见。我跟他说，如果从长远角度考虑，Power权力型的女孩子更适合做领导。如果从目前角度考虑，Perfect完美型的男孩子是可以立刻上手带领目前的小团队的。但是一旦团队扩大，任务强度增大，他会很有压力，生产能力反而会骤降。

团队领导给我反馈说，目前这个Power权力型的女孩子不适合，因为她做任何事情都担心自己做错，很不自信。有些事情，过去一段时间了，还是会后悔，会自责。

听到这里，我反馈说，如果这个Power权力型的女孩能够发挥出她内在的优势，会是非常好的领导。这就需要整个外部工作环境给她更多的支持、鼓励、赞美和认可。尤其是口头上的认可特别重要。因为她从小就特别缺少鼓励的环境。

这个团队领导同意在长期的高潜力人才培养方面做这方面的调整。

4个月后，我再次电话联系了这位团队领导。

他说，这4个月以来，完美型的男孩子和权力型的女孩子共同管理这个团队。权力型的女孩子在处理问题方面，考虑不如完美型的男孩子周全。但是完美型的男孩子虽然想到会出现的各种问题，可能遇到的困难，但是具体怎么做，他并不知道。所以总是去找团队领导沟通，问领导要资源，要解决方案，来完成手上的事情。

这位团队领导其实自己是一个 Power 权力型，所以他对于完美型的男生考虑周全的特点，一方面很欣赏，一方面也希望他能快速做决定。因为在工作中，很多时候是没办法思考那么全面的，而是需要立刻做决定，否则工作很难进行下去。

就好比路前方有一个大土堆，权力型的人会说不论怎么样，我们要过去。完美型的人会问，你是选择从土堆上开过去，还是挖洞钻过去，还是从左边或者右边绕过去。可是如果等完美型的人将几种选择都分析完之后再做决定，是会出问题的。

目前他们这两个人带的团队是十几个人的小团队，给他们的任务也是有足够的时间和足够的资源去完成的。可是如果团队人数多了，是不可能花这么多时间思考的，而是先要做一个决定。

而另一个权力型的女生，则会做决定，并且在决定之后，会坚定地往前走。但是她目前还是极度缺乏自信，就好像是一个没长大的小狮子。所以作为团队领导，要帮她树立自信心。并且她妈妈批评式的教育，会非常影响女儿在工作中的表现和为人处世的风格。小时候稍微有一点出错，就被批评，所以长大以后，做什么事情都缩手缩脚，害怕出错。

团队领导并没有跟这位权力型的女生坐下来沟通过。所以团队领导如果决定培养权力型的女孩子，就需要帮她树立自信心，在工作的时候带着她，指导她，更多的是鼓励她。

我给这个团队领导的建议是，好比两间二手房，一个看起来还可以，重新装修之后，每月的租金可以提升 10%。另一间二手房，看起来不怎么样，但是重新装修之后，每月租金可以提升 25%。只是在装修的过程中，会花更多的时间、精力和金钱。完美型的男孩子就像第一间二手房，权力型的女孩子更像

第二间二手房。两个人的增值潜力不同，要看团队到底要什么样的人才。

团队领导同意今后多跟权力型的女孩子沟通，评估一下重点培养哪一个。

通过这个真实例子，我想表明的观点是：在高潜人才或者领导候选人储备方面，"一分钟面对面识人"可以帮助HR或者团队领导进行决策。

谈薪资与激励

在我去公司担任HR专员期间，我没有积累太多谈薪资的案例。因为招聘的都是基础岗位，薪资部分是HRD和部门经理最终去谈的。所以这部分，我可以分享一下我的个人经历。

前面谈到我要找外教。在跟J沟通之后，我又继续寻找合适的老师。为什么我这么迫切希望提高英语水平呢？因为我希望，这本书的中文版发行之后，如果市场反应好，我会自己把它翻译成英文版，甚至有机会用英语做课程培训。而且在这本书出版后，我还希望写另外三本书，分别写给销售人员、相亲人士和年轻的父母。

我真的非常渴望有一个在各方面都优秀的、有成功经验的美国人做我的老师。也许是因为吸引力法则吧，很快这个老师就出现了，我们叫他 D 吧。

我们约好时间见面，聊了很久，我们都感觉不错。而且我也告诉他我最近正在写书。他也很感兴趣。我跟他提议，能否也对视一分钟？他同意了。

一分钟开始了。我看到了一个坚定的眼神，大 Power 权力型。D 的表情是微笑的，眼神也是微笑的。整整一分钟过去了，我没有感受到他有很大的压力。我看到的画面是年轻时候的 D 在酒吧喝酒的样子。原来他是很有影响力、很受大家欢迎的人。

一分钟结束之后，我给 D 反馈我看到的这些信息。D 听后微笑着说，他确实是非常有领导力的人，而且非常自律。从 11 岁到 16 岁这 5 年，一直做报童。每天早上 5 : 30 起床，去送报纸。D 现在是某世界 500 强公司的 IT 经理。

所以还是那句话，我只与成功的人合作。

既然决定请 D 做我的老师，就要谈薪资了。

幸亏我了解 Power 权力型的人，否则就要犯错了。

我问 D 对于费用有什么想法。D 真是谈判高手，说对钱无所谓，我决定就可以了。又把球踢还给我了。

既然 Power 权力型的人是追求价值的，那我就特别加大价值的重要性。

我说了每小时的金额，然后说如果我成功实现了我确定的 A 目标，D 会获得额外的奖金。D 在听到每小时金额的时候，表情挺平静的，但是当他听到有奖金时，眼睛立刻亮了，而且很开心地说他可以用这笔奖金去泰国旅游了。更重要的是，在接下来谈学习内容的时候，D的语音、语调和整体能量状态，明显大大提升了。

观察到这一点，我心想：太棒了！ Power权力型的人，就是喜欢挑战，更喜欢因为挑战成功而获得的奖金收入。为了这个奖金，权力型的人会更加努力。因为Power权力型的人，是价值和利益驱动的群体。

目前我们合作愉快，我的英语进步也很神速。

再举一个例子。

我有一个朋友，也是我的课程学员，她跟我抱怨90后的员工很难管理。她们公司有一个90后的女孩子，前一段时间请病假一个月，但是后来才知道，原来是出国旅游了。而且她上班经常迟到，最少迟到半小时，有时候甚至会迟到1个小时以上。可是客户又很喜欢她，不希望换成别人。真的让人很头疼。

更糟的是这个90后女孩子请假去旅游之后，又有一个90后的女孩子效仿她，也去开了病假条，去新加坡旅游了一周。

所以我这个朋友就很担心这种风气会在公司蔓延开。

我这个朋友是典型的 Perfect 完美型，对于事情非常认真负责，看不惯别人敷衍了事、自由散漫、不负责任。所以90后员工的这种行为，真的触及了她的底线。

她问我：对这种90后该怎么办?

我回答说：对每种性格的人都有不同的对待方式。要看这个90后是什么性格特点。

如果这个90后是社交型，她需要的就是好玩、新奇。如果工作能让她体会到这种乐趣，她就会很开心地来上班了。因为社交型是趋向乐趣的人群。如果是重复的、无聊的环境，她很快就会离开，继续寻找新的有趣的环境和有趣的人。

并且现在的90后不仅有爸爸妈妈宠爱，还有爷爷奶奶、姥姥姥爷宠爱，一个人被6个人宠爱，怎么会轻易去吃苦呢?

朋友特别认同我的说法。她说这个90后就是社交型，每次穿的衣服也很有特色，虽然我这个朋友并不欣赏。社交型和完美型是对角线，有的时候真的会互相看不顺眼，但有的时候正因为不同而会相互吸引。所以在婚姻中，经常会见到这种互补的夫妻组合。

我这个朋友还说，这个90后的女孩子会在办公室突然大叫一声。大家还以为她怎么了，结果是看到某品牌的时装打折了。朋友看到这一幕，真的觉得不可理解。

我听到这里，也觉得很有趣。这就是社交型的世界，与完美型的世界如此不同。

既然社交型是这样的，那么她接触的人和事情都是有趣优先。哪怕是请病假去旅行，回来被扣钱，或者上班迟到扣50元，都没有自己开心、舒服重要。跟有趣相比，钱真的没那么重要。千金难买我开心，社交型就是天生的乐天派。

我接着说，Peace平和型的人需要的是感受。

他们会比较喜欢身体的触碰，更喜欢一对一的私下沟通。如果是表扬他们，最好也是一对一地去表达。在公众场合，点到就可以了，因为他们不喜欢成为焦点。这跟Power型和Popular型完全不同。Power型和Popular型是天生喜欢做主角的。Peace平和型的人很难相信一个人，所以作为团队的领导，遇到Peace平和型的团队成员，不要期待他们跟你讲真心话，因为他们真正信任的人不会超过5个。要激励Peace平和型的人，需要关心他们，一对一沟通，沟通的时候大大地鼓励赞美，这些就会很有效。另外，鼓励赞美认可他们的时候，更要注意语音、语调和语气，同时拍拍他们的肩膀表示支持，让他们感受到温暖，这样Peace平和型的人可能真的会卖命一辈子。

对于Perfect完美型的人，他们需要认可、鼓励和赞美，这一点跟Peace平和型有点像。但是不同的是，对于Perfect完美型的鼓励、赞美和认可一定要有依据，就像写议论文一样，要先列出观点，然后有充足的证据，Perfect完美型才会认为你的赞美和鼓励是真心的。Perfect完美型的人智商普遍都很高，所以他们在一路追求品质的时候，会不断地苛求自己，质疑自己，甚至否定自己。所以他们真的很需要鼓励、赞美和认可。

说到这里，我这位Perfect完美型的朋友笑了。她说，难怪你每次都表扬我，原来是套路啊。我说虽然是套路，但你每次都很开心啊，而且我是真诚地赞美你，这个你是知道的呀，你那么聪明，怎么可能骗到你啊？我们一同笑了起来。

所以，看到这里，你应该明白，不同的4P性格的人，真的有不同的沟通和激励方式。只要你了解了对方的性格，沟通效果就会大大增强。这也是我在前面讲过的秘诀二——挠痒痒，用对方喜欢的方式，赞美鼓励认可对方。

最后总结一下，对待Power权力型的人，要价值优先，利益优先，甚至直接用金钱或者地位去吸引他们，他们会更加有动力。

对待Popular社交型的人，要趣味性优先，新奇、好玩、漂亮，最能够激发他们持续的热情。

对待Peace平和型的人，要感觉优先，关心他们，理解他们，一对一沟通，温暖心窝，这样他们就会一辈子卖命的。

对待Perfect完美型的人，要看到他们的专业和责任心，并且大大赞美他们的优点，一定要有理有据地表扬，这样Perfect完美型的人，会觉得你很有眼光、很专业，对你也会另眼相看，自然信任度增加好几分。

裁员，与投资方谈判，接班人培养

这部分也是HR经常会遇到的工作内容。目前我还没有这样的机会去进一步了解HR们会遇到的实际问题。所以请参考前面的一些实例，希望可以给大家一些启发。希望今后有机会跟HR一起工作，在谈判和培养接班人方面做更进一步的研究。

有朋友可能会问，面试的时候，我可以要求候选人跟我对视一分钟，但是对于投资方，我怎么跟这些大佬对视啊？这个难度太高了吧！

对于这个问题，我也一直在思考有没有好的解决方法。说实话，目前真的没有。我的建议是，如果关系还不错，可以当作一个游戏去进行。当投资人听到你头头是道的分析，说不定还会增加投资合作的概率。

只是个人建议，大家可以给我反馈，期待可以找到更好的方法去对视。

另外，当我们真正练习了100次以上的一分钟对视，我相信你对人的了解会非常深刻。以这样对人的认知去跟投资人谈判，很多时候你已经很敏感，不需要对视一分钟，就可以感受到很多信息了。所以先去大量练习，提升自己识别人的能力吧！

猎头

因为工作的特点，猎头跟HR的工作有很多相似之处，所以这里就不特别去分析了。如果您有任何问题，欢迎来信。

走进企业内部

参加我培训课程的个别学员有自己的公司，他们来参加培训的目的，一是为了自己面试招聘时使用，二是为了教会公司员工这个快速精准识人的技术。其中有4位学员，邀请我到他们的公司或者团队跟每一个员工对视，并且给出反馈。

这也给了我非常棒的机会验证"一分钟面对面识人"的实

际效果。我去的公司和团队，1家是研发型的团队，有15人。2家是培训公司，包括课程销售和培训师，分别是19人和近40人。还有1家是贸易型销售公司，有18人。

因为公司类型不同，所以人员配置也不同。因此我跟每一个员工进行一分钟对视，就可以了解人员配置比例是否符合公司的性质，也可以了解某一个员工的性格是否适合当下的岗位，应该重点培养，继续保持，还是转岗，甚至辞退。

因为我一分钟对视收获的信息，是通过谈话和测评都很难立刻获得的信息，所以是可以为团队领导或者企业主提供参考的。

这里举一个真实案例。

一个销售，很年轻的90后小帅哥，面带笑容走进办公室，然后在我对面坐下来开始对视。开始时，他的眼睛是高频振动，典型的Popular社交型，所以非常适合做销售。可是紧接着，我从他的眼神中看到的是不拘小节的神态，并且并没有努力做销售的动力。跟他匹配呼吸之后，我发现他当前的压力很大，已经到了黄色和红色的交界处。我立刻用眼睛跟他交流，问他压力的来源。"钱"，这一个字就是他的回答。所以我很好奇，为什么那么希望挣钱，却没有努力做销售的动力呢？突然，我的脑海中出现了几个字"额外报销"。到一分钟结束时，并没有什么更多的信息出现了。

在给这个小帅哥反馈的时候，我选择了只反馈一部分信息。我只告诉他，性格外向，善交际，适合做销售。其余都没有跟他反馈。

后来，我跟企业主也就是我的学员当面沟通，特别提到这个销售。我说，这个销售是不是不太积极主动？老板说，是的，不是最积极的销售员，不过招聘他来，是看他对人都是笑脸相迎。看最近的表现，确实没有主动开发客户，都是有任务给他，他再去销售。我又说，他内心压力大，主要是因为钱，你可以关注一下最近他的报销情况。听到我说到报销，老板立刻变了语气，说：你不说我还没注意，他最近的报销确实比其他销售多。别人报销500左右，他要报销1 000多，但是也没有看到有什么销售结果。我又说，不要着急找他谈话，先继续观察一段时间。老板说，好的，听你的。

俗话说，知人知面不知心。如果通过一分钟对视能看懂人心，那该多么棒啊！

再举一个例子。

我应邀去一家幼儿培训的机构与所有的销售、培训老师甚至做饭阿姨对视。其中有一位销售刚入职3个月左右。这个男孩子坐在我面前，表现得很紧张，双手不知道放在哪里好，一会儿放桌上，一会儿又放下去搭在腿上，最后终于选择放在桌上双手五指交叉。计时1分钟开始。首先我看到他的两只眼睛一大一小，大小有很大不同。我先看他的右眼。我看到的是接近Popular社交型的外放式眼神，有一些抖动，介于完美型与社交型之间。紧接着我看他的左眼。立刻看到的是Perfect完美型的眼神，抖动非常微弱。同时感受到这个眼神没有明亮感，出现的是一种自我怀疑的感受。匹配他的呼吸，我立刻感受到他巨大的压力。他对未来的期待也不是很清晰。

结束对视之后，我问他：是不是经常内心打架？他说：

我不打架。我解释说：我说的打架的意思是你有的时候会比较纠结，内心有冲突。他说：对，我内心经常有冲突，有时候觉得这样做挺好的，但是想想又觉得不太对。你说得挺准的。

我又问他：是不是最近压力有点大？他说：做销售，压力肯定大，而且入职不到3个月，业绩还不太好。

我又说：你对自己的未来好像没有清晰的规划。他说：是不太清楚，这份工作先做着看看，毕竟销售能学到一些东西吧。

结束与所有员工的对视之后，我跟这个机构的负责人指出了这个销售人员存在的问题：

（1）内心有冲突，好比一脚踩油门一脚踩刹车，内耗很大。如果你想培养这个销售人员，会花额外的精力。可能你今天跟他思想工作或者具体业务沟通好了，没过几天，又会出现同样的问题。所以不建议重点培养。如果有更好的选择，可以选择其他销售人员培养，甚至辞退这个员工。因为他这种内耗的态度，会影响其他积极主动的销售员。

（2）内心有很大压力并且不懂得管理自己情绪的年轻人，如果一直压抑自己，非常危险。一旦情绪爆发，要么伤害自己，要么伤害他人。

（3）在最开始面试的时候，不建议招聘眼睛大小极度不对称的人。

培训机构负责人说：我也确实观察到了他主动性没有其他销售员高。其他销售员会出去发传单，增加新的联系人。他暑假期间都比其他人出去次数少，都是我告诉他做什么，他才做什么。他来了没多久，而且又是第二份工作，没什么经验，销售人员又不好找，所以我就让他来试试。如果你说他会影响其他人的话，我再观察下。实在不行再换人，现在真的缺人啊。

我心想，宁愿只雇佣有能力的人，也不要因为缺人手，什么人都聘用。因为每新增一个人，都会对这个集体产生影响。雇主一定要在招聘中慎之又慎。

第六章

讲台上的传授篇：
公开课辅导学员

当我开始讲公开课的时候，我突然意识到，我从"知道"实现了"做到"，但是从"做到"到"分享"，还需要很多时间去打磨。因为公开课的学员4种性格类型都有，如何在同一个时间段让4种性格类型的人都可以理解，更重要的是让他们开始有决心练习、实践，这需要非常棒的课程设计。

我分享"一分钟面对面识人"的课程是从2016年8月28日开始的。目前已经完成23次中文沙龙，6次英文沙龙，6期中文课程。我在2017年还阅读了近60本中英文书籍。可以用2个公

能　力 ＝ 知识 ＋ 练习

意识 ＝ 能　力 ＋ 分享

式来总结我的收获：

$$能力 = 知识 + 练习$$
$$意识 = 能力 + 分享$$

当我不断练习，大量阅读，不断总结，我就具备了一分钟识别人的能力。

而当我把这份能力，通过与公众分享，从学员反馈中再次总结分析，我又得以成长，就形成了一种习惯，甚至形成了新的意识。

接下来的内容，是以往学员们的问题和我的回答。希望通过这种方式，也解答部分读者的疑惑，同时也做一个总结。

学员的提问及我的回答

学员 A： 我第一次尝试一分钟对视时，还有些想把对方逗笑。但是当自己静下来的时候，信息就进来了。

我： 是的，我们自己安静下来的时候，信息是自己进来的，我们并没有强迫它出现。我们只是反映出信息。然后在跟对方沟通的过程中，得到对方的印证。

学员 B： 在对视的时候，自己有的时候会分神，没有专注于对方。所以这个时候就没有任何信息。但是在专注于对方的时候，信息就立刻来了。

我： 是的。所以通过反复练习一分钟对视，可以提升一个人的专注度，可以提升一个人的情商。

学员 C： 为什么我在跟对方对视的时候感受到的信息，当我一分钟结束之后想写下来的时候，我却开始怀疑自己了呢？

　　我：当我们在一分钟之内看人的时候，和一分钟结束后我们写3个性格形容词的时候，我们自己是不是稍微有那么一点点不同？在一分钟对视的时候，我们完全是凭感觉去感受对方。但是在你写的时候，你就习惯性地开始分析、判断和理性思考。所以这个时候你就开始怀疑自己了。如果你更多地练习一分钟对视，你的感知能力会大大加强，你就变得更加相信你的感受、你的直觉，慢慢减少理性分析。因为很多时候身体的感知力早已知道答案，早已做了决定，只是头脑还不知道。身体更诚实。

　　在练习一分钟对视的时候，你会逐渐消除看人的时候和写下形容词的时候的不同。刚开始练习的初学者，还会受到微表情、微动作等的影响，会把这些外在信息加在一分钟对视接收到的信息当中，所以有时候就会对自己产生怀疑。这是不对的。一分钟对视看的只是眼睛，所以不会受到对方衣着打扮等外在信息的影响，所以更加真实可信。我们练习的方法，是只看眼睛。

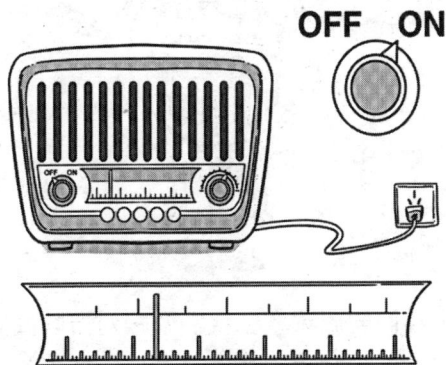

调频

我们要学会让自己变成"收音机"。你要先把你自己的"按钮"打开。你虽然"通电"了，但是没开按钮，是接收不到信息的。你要让自己既"通电"，也要开"按钮"。

在对视的时候，第一步，我们要让自己变成收音机。如果自己不够平静，有很多想法，如果不把自己的按钮打开，即使插着电源，也无法接收到别人的信息。

第二步，我们要调频率。我们要跟对方瞬间同频。看似很难，其实很简单。跟对方同频，一是自己要平静，二是匹配对方的呼吸。当我平静下来，专注于对方的眼睛，匹配对方呼吸时，对方的信息就会扑面而来。因为呼吸等于情绪，当我匹配对方的呼吸时，我就可以感受到对方的情绪。

所以"一分钟面对面识人"这个技术最大的难点，不在于我如何看清对方。最大的难点是如何让自己内心平静。我们在对视的过程中，肯定都有感受到一瞬间或者一秒钟的平静，没有任何思绪、想法。我们就要在不断的练习中，拉长平静的时间，从一秒钟慢慢变成一分钟。

为什么我可以那么快就接收到陌生人的信息，而且信息量那么大？是因为我只要一个呼吸就能平静下来了。并且我练习了1 400多次一分钟对视，我可以长时间保持平稳的平静状态，至少保持一分钟。所以当对方的信息扑面而来的时候，我都可以接收到。

当你持续练习时，你的直觉会大大提升，灵商就提升了。

学员D：看到未来的期待是什么意思？

我：看到未来的期待，就是看到对方对未来的期待和计划。如果用冰山的图比喻，就是看到对方的纯粹觉察（Pure Awareness）。我曾经看过一个Power权力型的HRM（人事经理）。我给她的反馈是对未来很有期待，还希望能有更多潜力得到发挥。她听到我的反馈，立刻觉得我很懂她。这就说明"发挥潜力"这4个字，是她对未来的期待。只要达到一定的阶段，她就希望可以继续突破，目的是为了不断"发挥潜力"。所以如果我们能够看到对方对于未来的期待，看到我们的先生、太太、孩子的期待，看到同事和朋友们的期待，我们的沟通就会少走很多弯路。就像我前面书里写到的，挠痒痒挠到点儿了。只要一分钟、一句话，对方就会觉得我们很懂他们。这是多么美好的事情啊！

学员E：如何区分Peace平和型和Perfect完美型的眼神？到底怎样的轻微抖动是Peace平和型，怎样的另一种轻微抖动是Perfect完美型？

我：我总结一下4种性格对应的眼珠抖动的特点。先讲单项高分，也就是只有一个P的分数最高。

Power权力型，最好辨认，眼珠是盯着一个点不动的。有的时候是盯着对方的一个眼睛一直保持1分钟不动。也有的权力型会从一个眼睛转到另一个眼睛。但是当转到另一个眼睛的时候，眼珠也是完全不抖动的。

Popular社交型，跟Power权力型完全不一样。社交型的眼珠是左右大幅度抖动，好像心电图指针来回摆动一样。抖动是从开始一直到1分钟结束。社交型一般会从一个眼睛的抖动开始，然后看另一个眼睛，继续抖动，接着再回到起始的眼睛。总之一句话，社交型的眼珠是一直不停地抖动，不论看哪个眼睛，都是不停地抖动。并且只是左右抖动，没有上下抖动的。

Peace平和型，不像Power权力型的人眼珠完全不抖动，他们是眼珠微微抖动。如果说社交型的左右振幅是1厘米，平和型的眼珠振幅就是1毫米。所以抖动非常微弱，甚至都不容易觉察。另外，Power权力型的眼神是外放的，有侵略性的。但是Peace平和型的眼神是内收的，没有侵略性的，是包容的，有暖暖的温度。

Perfect完美型，抖动的幅度介于Peace平和型和Popular社交型之间。如果用振幅来对比，Power权力型的振幅为0，

Peace平和型的振幅为2，Perfect完美型的振幅为4，Popular社交型的振幅为10。另外，Perfect完美型的眼神既不像Power权力型那样外放，带有侵略性，也不像Peace平和型那样内收，有温暖感。Perfect完美型的眼神是理性分析、探究的眼神，没有明显的温暖感，是冷静的状态。

刚才讲到的是单项一种性格的眼珠抖动的特征。如果是两项性格都分数比较高，眼珠抖动是怎样的呢？

假如你看到的人刚开始眼珠完全不动，非常坚定，但随着时间的推移，他的眼珠开始轻微抖动，并且一直持续到1分钟结束，那么这样的人就是Power权力型和Peace平和型性格都具备的性格。

在我看过的1 400多人中，有一些人是2种性格特征都比较明显的。比较多的是Power权力型和Peace平和型的组合，还有Power权力型和Perfect完美型的组合。也有一部分Perfect完美型和Peace平和型的组合。Power权力型和Popular社交型的组合比较少见。3项性格都得高分的人就更少了。目前我看到的人中，只有3个人是3项高分的。1个是本书开篇提到的销售总监，另外2位是中国某企业的CEO和来自巴西的某汽车零件企业的CEO。因此，我推断：越是职位高的人，性格越丰富，而性格丰富的人也更容易在职场上晋升到高阶职位。

从另一个角度看组合性格的人，这类人是内心丰富的人。他们有很多层次，有很多面。而只有一种性格高分的人是单纯的，没有那么多层次，一眼就看透了。

另外，组合性格的人的眼珠，在一分钟的过程中，抖动的振幅模式是会变化的。这种抖动的过渡非常明显，容易辨识。

只要你真正去练习看人，面对面保持1分钟看眼睛，你就明白我说的意思了。并且，我的学员在参加了2天的培训之后，都能做到精准辨别任何人的性格，明确知道每个人的性格类型分数的分布。练习真的很重要。

另外再补充总结一下不同性格4P的眼神如何判断。

Power权力型的眼神非常坚定，是外放的。如果用温度形容，就像一个升起的黄色的太阳，充满希望，有的时候会略带攻击性，好像子弹，很有目标，也有些刺眼。一个字：热。

Popular社交型的眼神抖动非常大，也是外放的。非常热情，充满好奇。就像燃烧旺盛的炉火，大红色。很耀眼，很有影响力，温度很高，但不像Power权力型那么刺眼。一个字：烫。

Peace平和型的眼神是内收的，没有攻击性。就像一个绿色的草坪，看起来很舒服，很放松。一个字：温。

Perfect完美型的眼神不是外放的，也不是内收的，而是冷静的。就像蓝色的天空，让人感觉凉爽。一个字：凉。

炉火眼神 Popular ｜ 不动 子弹眼神 Power
Peace 草坪眼神 ｜ Perfect 天空眼神

说了这么多，有些人可能还是不理解。如果你还不理解，就去练习看人吧。你有体验了，才会明白我说的话。就好像我说，我吃过一个草莓干，特别好吃。可是我怎么形容这个好吃，你都没有感觉。你只有自己也吃到了这种草莓干，你才知道我说的好吃是什么滋味。

先去做吧！

学员F：老师，我想问一下，是不是从眼神当中可以看出Peace平和型的人对人是关注的，更加友善，而Perfect完美型的人对人是比较回避的？

我：这是一个特别好的觉察，也是区分这个人到底是Peace平和型还是Perfect完美型的一个关键点。因为我有对视超过1 400人的实际经验，所以我总结下来，Peace型的人眼神是暖的，Perfect型的人眼神是冷的。Perfect型的人是对人回避，冷静分析、判断，关系没那么重要。Peace型的人是关系很重要，很注重情绪。

我再补充一下，刚才说的Power型是专注结果的，好像一条射线，专注在某一个点，或者着说像一颗子弹，眼神稳准狠。Popular型的温度是辐射范围很广的，但是不聚焦于某一点。

学员G：老师你说的核心的内在性格是在什么时候出现的？

我：通过一分钟对视，我们能看到4P性格的分数分布。当我们看到的眼珠抖动的振幅停留在某一种类型不再变化了，那么这个性格就是核心的内在性格。举个例子，我看到的一个CEO有3个性格特征：Power权力型第一高分，Perfect完美型第二高分，Peace平和型第三高分，但是眼神最终停留在Peace平和型，不再变化，一直到一分钟结束。如果出现这种情况，就说明这个CEO的内在核心性格是Peace平和型的人。他外在显现的性格是Power权力型或者Perfect完美型，但他的内在是愿意培养人，关心人的。一分钟的时间，他的眼神从Power，Perfect一直到Peace就停止了，他的眼神不会再从Peace回到Power。就像那个冰山图，从外在性格一直看到纯粹觉察，就走到头了，回不来的。除非在这个过程中，眼神移开了，或者分神了，再次跟对方眼神搭上的时候，就再从头到尾走一遍，不反向走回头路。

还有一种情况，在我们平静的时候，会有一个词出现在我们脑海中，而且这个词会一直在我们脑海中不离开。这就说明这个词对你对面的这个人有重大的意义，不论这个词是正面的还是负面的，这个词只有在你平静时会闪现。

所以，要多练。只有多练，你才能看到对方的核心性格和对方的核心词汇，而且非常准确。不知道我这样说，你是否明白了？

学员H：老师，怎样练习才能做到平静？

我：首先我们可以用我讲过的呼吸方法、爱爱爱的方法、数数字的方法和计算的方法。还有另一个学员推荐用"正念"的方法，就是吸气默念"平静"，呼气默念"专注"。还有一些人推荐冥想的方式。两三轮呼吸之后，就可以达到平静状态。

我们练习"一分钟面对面识人"，其实也是锻炼我们的专注力。我们的大脑好比是一个肌肉群，越练习，肌肉群越发达，

大脑的专注力越强。当我们练习一段时间后，我们就不会轻易受到别人的影响，而始终能保持平静的内心；我们也不会受到外在环境的影响，可以始终专注在某一点。因为我说过很多次，专注产生能量。

专注产生能量

学员 I：自信的人和不自信的人，眼神有区别吗？

我：每种性格特点的人，都分为三个段位：低段位、中段位和高段位。

低段位的人，就是极度不自信的人。4P性格的人，不论是否自信，眼珠抖动都是不变的。但是是否自信，会影响一个人的眼神。

有些人极度不自信的表现是根本不敢直视你的眼睛，或者眼神不断闪躲，避开长时间的直视。

稍微不自信的人，不论是哪种性格类型，都会有一个明显的微表情：咬嘴唇或者抿嘴，或者用舌头舔嘴唇，或者是嘴巴周围轻轻抽动。

自信的人，则可以保持一分钟跟你对视，并且没有嘴巴周围的微表情，他们能非常坦然地接受对视。

高段位的人，通过看他们的眼睛，你能感受到他们那种内心的平静，甚至能够感受到他们的正能量包围着你，你也会感到特别舒服。当然这样的机会很难得。毕竟高段位的人，可遇而不可求。

所以我在书里特别强调用"爱爱爱爱爱"、呼吸、"对不起，请原谅我；谢谢你，我爱你"等方式，调节不自信的人传递给你的负能量。

还有一些陌生人，你根本不愿意走近他们身边，跟他们说话，更别提和他们对视一分钟了。如果有这样的陌生人，你可以选择立刻离开那个环境，让自己不受这些人的影响。所以如果你在练习的过程中遇到这种负能量的人，你先要学会保护自己的能量和自己的状态不受影响。千万不要做滥好人，想去拯救对方。当你还是一个泥菩萨的时候，不要想着游到对岸去救人。

学员 J：老师，您说的匹配对方4P是什么意思？

我 ：匹配对方的4P，就是提升你的情商。你可以多快匹配呢？可以很快，你想多快，就有多快。只要一个呼吸，达到自己最平静的状态。第二个呼吸跟对方的呼吸同频，你就可以匹配对方了。不论对方是哪个类型，你都可以快速匹配。当你可以跟对方的性格匹配了，你觉得对方会喜欢你吗？当然会了，因为他说的话你明白，你说的话他也理解。所以匹配对方4P，提升情商之后，你的沟通能力会大大提升，你可以顺利地跟任何性格的人有效交流。

学员K ：老师，我看到的有一个人是眼珠上下抖动，而不是左右抖动，这是为什么啊？

我 ：眼珠上下抖动时你觉得这个人是怎么看你的？如果是从你的眉毛开始，看你的鼻子、嘴巴，然后再回到你的眼睛，如果是这样的抖动，那他是在打量你，观察你。这不是我们看的眼珠抖动。我们看的眼珠抖动，是不受大脑控制的习惯性抖动。我想你如果仔细看过人的眼睛，就会明白我说的左右抖动和上下打量的区别。

另外，我们人类的眼球的结构，决定了眼珠转动的特殊性。我们在阅读的时候，眼珠是水平跳动，并且不是匀速平移，而是从左边开始移动一点，停下来，再继续向右移动。这种移动、暂停、再移动，是由眼球结构决定的。所以我一直跟学员们反复强调，结构决定特性，结构决定结果。

在我看过的1 400多个人中，没有一个人的眼珠是上下轻微抖动的，全部都是轻微的左右抖动，或者完全不抖动。因为我不是眼科专家，所以这部分的理论，我还会进一步研究。非常感谢你的提问，让我有了新的觉察。我会继续研究，如果有新的发现，我会告诉你的，好吗？

在沙龙互动分享中，我还曾经让学员体会上下打量对方全身与只看眼睛的不同感受。学员反馈，被上下打量的时候，感觉很不舒服，是不被尊重的感受，并且给对方的评价，也都是根据穿着打扮的外在评价。但是看着对方的眼睛，就会觉得对方对我是坦诚的、真实的、尊重的态度，并且给对方的评价也可以更加准确、深入、全面。

所以，真的非常推荐单身的帅哥美女用对视的方法寻找真爱。老话说得好，要找看对眼的。我的第四期课程学员真的就通过这样的一分钟对视，只用了不到三个月就找到了真爱。各位看一下学员心声，就知道我说的是哪一位了。

学员L： 老师，您看了这么多人，大概每一类性格的人数量比例是多少？

我： 根据我实际看人的经验，Power权力型大约占5%，Popular社交型大约占10%，余下的85%左右都是Peace平和型和Perfect完美型。男生Power权力型人数比女生多。Popular社交型女生比男生多。Peace平和型也是女生比男生多。Perfect完美型是男生比女生多。为什么是这样的分布？其实这是来自我们世世代代的基因。在古代，男人负责狩猎，女人负责采集、照顾小孩和老人。所以男人更加注重工作，女人更加注重关系。之前的4个象限分布，坐标左边是偏关系，右边是偏工作。女生偏关系，所以Popular社交型和Peace平和型数量更多。男生偏工作，所以Power权力型和Perfect完美型数量更多。

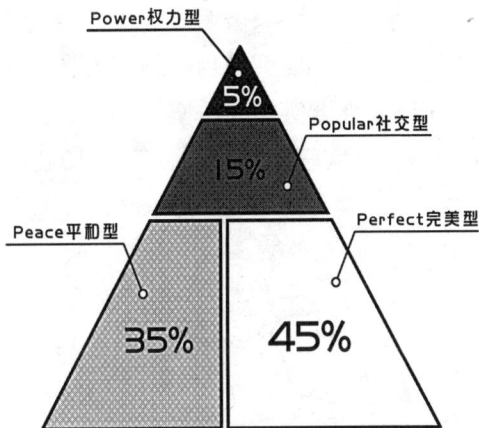

Power权力型 5%
Popular社交型 15%
Peace平和型 35%
Perfect完美型 45%

而当今社会，我们的教育体系没有那么多培养企业家的课程，更多的是培养执行、操作的员工的课程，所以我们才会有学习一技之长、毕业之后找个好工作的思维意识。社会结构决定了需要有更多从事具体工作的人，领导的数量不能那么多，销售的数量也不能过多。所以这也就很好理解，在我们去跟陌生人对视的时候，为什么有那么多 Peace 平和型和 Perfect 完美型的男男女女。社会结构决定结果。

学员M：老师，为什么要做100次识人练习?

我：量变引起质变。最主要的是你要对 4P 的情绪地图了然于胸，对各种技巧要非常熟练。重复的目的是提升稳定性。我们之前也提到100个梦想和100个行动计划，也是强调突破边界。如果你真的去写了100个梦想和100个行动计划，你一定会体验到你写不下去的时刻。可能这个时刻不止一次。所以这个写不下去的时刻，就是我们的边界。当我们突破边界时，我们就会有很多新的发现。再回到你的问题，为什么要做100次识人练习。其实也是为了不断突破边界。可能我们要突破与陌生人沟通的边界，可能我们要突破自我思绪太多、无法保持内心安静的边界，可能我们要突破无法坚持的边界。当我们完成了100次对视后，我们其实已经突破了很多自己的边界。

我目前最高纪录是一天看了33人，都是看陌生人，需要一个一个去搭讪，整整做了8小时。只有当样本足够大，才能确保准确性。所以去做吧！

学员N： 老师，我好像想不出3个形容词。怎么可以找到适合对方性格的形容词？

我： 这是一个很好的问题。形容词不是你想出来的，而是你接收到的。你如果还没有形容词，说明你还不够安静。打一个比喻，你去一个湖边，走到水边，看到湖面映射出了倒影，这说明湖面是平静的。如果突然下起雨来，你还能看到湖面的倒影吗？

练习对视，最核心的是4个字：平静、调频。只有你平静

没有思绪干扰　**有很多内心想法和思绪的干扰**

了，才能接收到对方的信息。只有当你跟对方同频了，你才能获得深层次的信息。那怎么练习平静和调频呢? 就是前面讲过的: 呼吸, "爱爱爱爱爱", 数数字, 算数, "对不起, 请原谅我; 谢谢你, 我爱你", 吸气放松, 呼气专注。相信你, 用我说的方法再去看10个人, 你就会有很多新发现。如果你学会了这个技能, 你一辈子都会记得, 不会忘记。

学员O: 在对话的时候, 我们也会看着对方的眼睛。这个时候获得的信息准确吗?

我: 对话时候的眼神是不准的。因为说话时人的状态和不说话时的状态是不一样的, 脑波也是不一样的。市面上有很多通过肢体动作、微表情、语音语调等做判断的书籍, 还有非常经典的美国电视剧 "*Lie To Me*" 中都有非常系统的分析。可是从我的实际经验来看, 这些外在的信息有时候本身就是一种干扰。因为外在的行为多多少少都可以受到大脑的控制。但是眼珠、脉搏、体温、血压等你是没办法控制的。看眼睛, 更准确。

所以如果无法跟对方保持一分钟不讲话，只能在交谈过程中观察对方的眼睛，会不会有效果呢？有，但是会大打折扣。因此信息仅供参考。

另外，有些学员会观察行人的眼睛。短短几秒钟，并且距离太远，根本没办法看清眼睛的振幅，所以我不建议初学者观察行人。最好的练习方式，就是坐在或者站在对方的正对面，保持一分钟不讲话，只观察对方的眼睛。当你已经练习上百次了，非常熟练了，可以尝试观察行人，观察对方说话时眼睛的抖动，做更进一步的比较。你会发现，还是在不说话的时候，观察得到的信息更加准确。

学员 P：我看的过程中，有时候不想继续看了，想停下来，觉得够了。这种情况下我是停止还是一直坚持看完 1 分钟？

我：这是一个很好的问题。看的时候，会有很多信息出现，直到没有更多信息出现，就停在那里等待 1 分钟结束。好比我们收音机调频的按钮，顺时针转一下，逆时针转一下，最终找到那个最清晰的波段，就停在那里。所以为什么用 1 分钟，就是用 1 分钟去调频，用 1 分钟接收信息。你可以在 1 分钟之内，按照 5 个层次，逐渐深入下去，从 4P 性格地图，到情绪压力、身体疼痛、原生家庭影响，一直到人生的最终期待，最后停止。用 1 分钟调频，用 1 分钟跟对方的眼睛对话。你练习得越多，你就会明白，这 1 分钟真的很神奇。

另一方面，如果你在看这个人的时候，身体感受特别不舒服，你可以选择停下来，然后礼貌地跟对方道别。在跟陌生人对视的时候，也要学会保护自己的状态，不受负面能量的影响。

在我看 1 400 多个人的过程中，有过 2 次让我特别不舒服的经历。一次是看一个20岁左右的男孩子。我看到他就特别想吐，我坚持了1分钟，结束之后依然很想吐。所以那天我没有继续看其他人，直接回家了。另一次是看一个年纪40多岁的男士，看的过程中就感觉头皮发麻，不舒服。我还是选择了坚持完成1分钟。但是那天又跟几个人对视之后，我觉得特别累。回到家之后，晚上9点多就睡觉了。并且睡到第二天上午10点多才起来。起来之后，还有点晕晕的，不过好了一些。

当我写下这些文字的时候，我还可以感受到当时身体的不适。我用什么方法调整自己呢？很简单，就是对自己默念"爱爱爱爱爱"。因为"爱"这个词的能量是最高的，是链接宇宙的能量的。所以这个词，也会滋养我们每一个细胞。

学员Q：老师，我看人的时候，我会从左眼看到右眼，好像没办法集中看一个眼睛。

我：结构决定功能，结构决定结果。眼睛的结构决定我们两只眼睛看的视角的重合部分，是可以判断很多信息的。所以我们是具备关注一个点的能力的。为什么你没办法一直看对方的一个眼睛？可能因为你紧张，可能你过于关注自己下一步该怎么做，是不是有思绪打扰，该怎么调整呼吸，等等。当你关注自己时，就没办法关注对方，也没办法平静。当你真的平静了，你就不会纠结是要先看左眼还是右眼，是不是要观察一下他的肩膀，匹配他的呼吸，是不是不能看他的脸部之外的地方。当你有这些想法、思绪时，你是没办法获得对方的信息的。因为你这个"收音机"的声音太大了，盖过了对方"收音机"的声音，你根本"听"不到对方的信息。

还有一种情况是，有些人两只眼睛传递的信息是不同的。

我遇到过这样的人，左眼是社交型的外放、好奇、热情和高振幅的抖动，右眼是完美型的严谨、负责、认真和低振幅的抖动。当我第一次看到这样的人时，我特别好奇。我以为自己看错了，于是又返回去看左眼。结果出现了同样的结果，社交型左眼。之后我又返回看右眼，结果依然是完美型右眼。这样来回了3次，我就用眼神问她，为什么你的左眼是这样，右眼却不同呢？突然我接收到了对方的信息：左眼受妈妈的影响，右眼受爸爸的影响。在结束对视之后，我跟她确认，她特别认同。她说她的爸爸妈妈性格完全不同。不过随着年龄的增长，她觉得爸爸很多话都是对的。虽然有时候内心还会有很多冲突，不过工作方面还是需要更加严谨，像爸爸一样。从那次对视之后，我还有过几次类似的经验。有的是左右两个眼睛的4P性格不同，有的是核心词不同。这是一个非常好的体验。我不知道你说的无法集中在一只眼睛是哪一种情况。因为我没有看到这个人，只有你看到了。所以你回想一下，你的情况是接近我说的第一点，需要提升你内心平静的能力，还是接近第二点，需要开放自己接受对方的各种可能性。

还可以给大家继续分享一点。这也是我用来提升自己情绪智力的方法。就是你用不同的4P性格跟陌生人搭讪。如果你是权力型，你习惯了给别人直接下指令，比如，你可能会说："你好，我最近在写一篇心理学论文，需要收集资料，想跟你对视一分钟，可以吗？"可能一边说，一边就坐在这个人旁边或者对面了，扑面而来的难以拒绝。如果你习惯以这样的方式去跟陌生人搭讪，那么接下来的练习，你可以换成社交型的方式，比如说："小姐，你好。我最近正在学一个特别有意思的课程，心理学方面的，老师让我们做练习，收集资料。想请你帮我个忙，好吗?"一边说，一边面带微笑，语气抑扬顿挫，充满热情。让人立刻想跟你多说几句，而且很开心地跟你继续交谈。你也可以换成平和型，很谨慎，很小心，带着请求的态度，语气声调都很温柔地跟对方沟通。还可以换成完美型，以很严谨、很客观的方式告诉陌生人你的诉求，希望他们如何支持你。用不同的4P性格跟陌生人搭讪，其实就是丰富了你的性格地图，原来是一种单一性格，现在带着意识，带着觉察，换成不同的方式跟陌生人沟通，就好比原来只有1张脸，现在有了3个不同的面具，而且还可以自由选择戴哪个。从1到4，是多么大的进步啊。同时，当你变换不同面具的时候，你可以明显地看到大家对你态度的变化。真的很有趣。

　　还有更高阶的练习。当你看到一个陌生人时，判断他们大概是属于哪个P的性格，然后你选择戴哪个面具跟对方沟通，他们会最舒服。这就是匹配对方、加强跟对方链接的高阶练习。如果到了这个阶段，基本不用对视一分钟，你也能知道对方是什么性格，而且你也知道如何应对了。

　　过了这个阶段，就是不用看到本人，只看对方的相片，都能知道在拍摄相片的阶段，对方的性格、情绪压力这两个方面的信息。其他深层次的信息，按照我的经验，是没办法清晰接收到的。不过看相片识人，能看出性格和情绪压力，对很多人来说已经很厉害了。

不知道，我这样讲，是否解决了你的问题。

学员R：老师，我之前觉得我看人挺准的，可是学了今天的课程之后，我发现我反而不会看人了。就好比我会骑自行车，现在我要参加自行车专业比赛，要重新学习怎么控制方向，如何踩踏板，如何坐，结果我突然什么都不会了。我觉得我回去之后，要继续整理一下学习的内容。

我：我特别喜欢你的比喻。期待你总结之后，也跟我们分享你的经验，让大家共同受益。谢谢你！

学员S：老师，你可以给我们一些练习的方向吗？

我：你如果能看到第二层——情绪和压力，后面的第三层甚至到底部的未来期待，你就很容易看到了。只要看到情绪和压力，后面就都开启了。"一分钟面对面识人"技巧的练习方法，有两把钥匙：一把是眼珠抖动对应的性格，另一把就是情绪和压力。你只要掌握了第二把钥匙，其余的就很快了。每个人的天赋和感悟力不同，感受到对方情绪的时间点也不同，所以掌握第二把钥匙的时间点是不同的。

如果能感受到对方的情绪，你可以问对方到底是受妈妈影响大还是爸爸影响大，还是爸爸妈妈都缺失，受另一个人的影响更大。这就看到了原生家庭的影响。有一个女孩子跟我对视，她梦想成为一个知名导演。她就是受爸爸妈妈的影响很少，受到流浪狗的影响很大。结束对视之后，一说到流浪狗，就稀里哗啦流眼泪。

如果你感受到了对方的情绪和压力，你可以继续问对方对未来有什么期待。然后你就会立刻在脑海中出现一个核心词汇。这个核心词汇，就是他/她对未来的期待。就是这么瞬间展开的，很容易。

学员T：我的感受是老师说的4P换面具，就像演员演不同的角色。演员还是他自己，却可以饰演爸爸、儿子、老公、好人、坏人等不同角色。而且是非常自然地变换各种角色。这让我想起禅修里的一句话：如果你想变得自由，其实非常简单，你遇到风的时候，变成风；你遇到树的时候，就变成树，你就真正自由了。

我：这段分享特别好。我可以写在书里吗？谢谢！

学员U：老师，我在跟搭档一起去看陌生人的时候，我俩看同一个人，但是看到的信息有时候完全不一样，这是怎么回事啊？

我：这个问题特别好。你和你的小伙伴戴着不同颜色的墨镜，一个是绿色墨镜，一个是黄色墨镜，看到的景色是不一样的。

我刚才比喻的意思是，你的性格4P分布，跟你的同伴的分布不一样，所以你们眼中的同一个人，也会不一样。Power权力型眼中的Peace平和型，跟Perfect完美型眼中的Peace平和型是完全不一样的。也许Power权力型会觉得Peace平和型做事太慢，太关注细节，对最终结果不够关注。Perfect完美型眼中的Peace平和型却是特别有人情味，做事说话都很靠谱，不像Power权力型总是变来变去，不知道下一刻又有什么新想法。所以，你看到了吗，不同人眼中的同一个人，会有如此大的不同。

还有一种情况是你们两个人看到的信息是一致的，那就说明这个陌生人的信息传达非常强，你们俩不论戴什么颜色的墨镜看到的都一样。

当我们去不断跟陌生人对视，尤其是变换不同4P性格的搭档一起外出看陌生人时，你可以关注并且对比给同一个人的反馈，这个部分也是特别珍贵的数据，是特别棒的了解人性的机会。

学员V：老师，我看到你说的画面了（此处省略对画面的描述）。我觉得就是在看到画面的时候，自己不要去想，一想就中断跟对方的链接了。而且画面会一直在我脑海中不走。好像拍照镜头一样，很快拉近镜头。

我：太棒了！你要记住这种感受。画面的出现是在一分钟的后半段。最开始，我们很快就可以识别出4P性格分布，匹配呼吸之后就可以感受到情绪、压力，甚至看到对方眼眶中隐约的泪水。之后就会出现画面。而且画面很多时候会一直持续到一分钟结束，不会消失。为什么呢？是因为我们大脑的记忆，也是记忆画面，好像拍照一样，很清晰。继续练习，你会越来越熟练。

学员W：老师，我今天把一个人看哭了。但是结束对视之后，他给我的反馈是，以前当过兵，练习盯着一个点看很长时间，就会很容易流眼泪。可是我觉得从他的眼睛里，我好像看到了他小时候的画面，当时受了很多委屈。如果用一个词形容，是难过。

我：这是特别棒的体验。这个信息是你看这个人的时候才出现的，这是真实存在的，不是你编造的。你要相信你的身体，相信自己的直觉，不断练习就会提升灵商了。

　　我有很多次把对方看哭的经历。有些是在一分钟之内，对方就开始流眼泪。有些是我给出反馈，说到了他们的伤心处，对方忍不住流泪。在我对视的过程中，有些人，女生的数量相对比较多，男生少一点，他们的眼睛会慢慢变红。这个时候，我就用眼神跟他们对话，问他们：是什么让你流泪？是过去的情感经历还是工作方面，还是和爸爸妈妈的关系？这个问题最多问 3 次，你就会继续接收到对方的信息，这个信息就是回答，而且每次都是对的。这个过程，你是在跟对方的潜意识对话，跟他们过往的经历、当时的情绪在对话。然后你可以继续问对方：你是受爸爸的影响大还是妈妈的影响大？对方会立刻给你答案。有的时候，还有一种情况，就是我直接能看到对方的爸爸或者妈妈的形象。谁的形象出现了，就说明受谁的影响大。这就是看到原生家庭的图像。

　　听起来是不是很神奇？其实真的会发生，而且太多次了。女生大部分都是曾经有很难过的情感创伤。当然也有其他原因。在结束一分钟对视之后，你一定要跟当事人确认你看到的信息，这才能知道自己看到的对不对。哪怕是对方说不准确，你也不要怀疑自己，继续看人。当然，大部分情况是，对方很吃惊，觉得你怎么能在这么短的时间看到情感的过往创伤，所以你会越来越自信。身体是不会骗人的。要相信身体。

　　学员 X：老师，我在跟一个男士对视的时候，感觉右腿从膝盖到脚都不是很舒服。一分钟结束之后就没有这种感觉了。这是感受到对方身体的疼痛吗？

　　我：有这种感觉特别好。一分钟结束之后，你一定要跟当事人确认你的感受。我并没有看到这个人，我不清楚当时的情况。你只有跟当事人确认信息，才知道你的感受是来自对方的还是你自己的。我在最初练习的时候，我也很不自信。可是后来经常可以感受到女性的卵巢左边或者右边不舒服，或者胸部不舒服，还有牙齿疼、头疼以及肩膀、脖子等位置不舒服。我有时也能感受到对方体内器官的问题，比如心脏早搏、心率不齐、先天性心脏病，或者胃部消化系统弱。跟当事人确认之后，信息基本都是正确的。有人还开玩笑说以后不用去医院检查了，找我看看就知道了。其实，我们都有能力感知对方，只是感知的深度不同而已。

如果有人质疑怎么办

在前面的章节也分享过 VAKD 对于学习这个技能的效果的影响。对于这个技能，也有一些人表示怀疑。一般有怀疑的人，D 的分数是非常高的。对于这样的质疑该怎么办呢？首先是自己要做到。榜样的力量是巨大的。当我每次都可以感知到对方的深层次信息时，对暂时没做到的人是有很强烈的吸引力的。其次是要让 D 分高的人多感受。D 分高的人的优势在于逻辑分析和事实分析，是头脑非常发达的人群。而 D 分高的人，大多数身体的感知分数 K 都比较低。而我们的"一分钟面对面识人"恰恰是唤醒身体感知的技能。所以，分数高的人，可以多去感知，坚持看到 30 人。这类人群一旦学会了身体感知，他们的潜能会得到极大的发挥。

第七章
突飞猛进的培养篇：
一对一辅导学员

　　参加我的课程的学员，还会得到一对一辅导的机会。我特别看重这个辅导机会。一是因为可以在最短的时间内教会学员看任何陌生人的4P性格。二是因为我在辅导的时候，可以跟学员看同一个陌生人，有共同的样本去分析。对于我的理论是非常棒的总结归纳。三是因为辅导的学生本身的4P性格不同，他们掌握这个技能的程度也不同，这也再次为我的研究提供了非常好的样本。

如何跟陌生人打交道

　　对于很多人来说，与陌生人打交道是一件非常有挑战的事情。所以对于想要真正掌握这个技能的学员来讲，学会与陌生人沟通，也是一个基本的技能。

　　如果你非常胆怯与陌生人讲话，可以先从家人和朋友开始练习。然后可以跟同事、同学、邻居练习。如果这些人你能看到10个人到30个人，就已经会有比较清晰的方向，知道如何通过眼神的细微变化看出对方的大致性格了。接下来可以挑战自己去看陌生人。

看陌生人之前，要有一些准备。

个人形象的准备：

（1）整齐、干净、体面的着装。

（2）干净的妆容。

（3）面带微笑。

有很多推销人员给大家留下的印象不太好，所以不要打扮得像一个推销员。我在这里不是对推销员有偏见，而是为了提高你的亲和度。

资料的准备：

（1）白纸或小卡片。

（2）笔。

（3）手机计时软件。

（4）相机或者手机拍照软件。

如果每次与陌生人对视都拍照，会是非常好的记录。你可以观察到自己面部表情的变化。最开始看100人左右，我的面部表情比较紧张，而且会频繁地眨眼睛。后来我的表情越来越放松、柔和。而且对方给我的反馈中，也更加频繁地出现"温柔"这类词语。

话术准备：

"先生/小姐，我正在为论文做一项调查，可以请你帮一个忙吗？只要跟你对视1分钟，不讲话，就可以了。我可以坐在这里吗？你只需要看我的眼睛，一分钟不讲话就可以了。你可以眨眼睛，有表情，只是不讲话就可以了。谢谢你。"

这个话术是非常有用的，配合适当的语音语调，我的成功率会超过90%。一般陌生人听到你是为写论文、做研究而收集数据，基本都会听你继续讲下去。所以你要做的就是把话术一次全部说完。

注重场域

当我在带学员去做看陌生人的练习时，会有人拒绝。如果刚进入一个新的环境，第一个陌生人就拒绝做面对面的对视，基本上第二次去询问的时候，也会得到第二个陌生人的拒绝。因为很多情况是还没有开口询问，第二个陌生人就已经准备拒绝了。这是一种从众心理。我的建议是如果第一个陌生人拒绝，就重新选择一个新的环境，重新开始。如果第一个陌生人同意对视，基本上第二个人也会同意。这就是场域的影响。如何把握场域，也很考验你对陌生人的感知能力。这个感知能力，不仅是对人的感知能力，更是对环境的感知能力。

树立自信心

练习跟陌生人对视，一定要相信自己。很多人其实对于自己是非常不自信的。因此多做跟陌生人对视的练习，会大大提升你的自信心。

当对陌生人讲了话术之后，为什么还是会遭遇拒绝呢？是因为你的语音语调、眼神和肢体动作。

所以提升亲和力，也可以从这个练习开始。

我在一对一辅导学员的时候，有以下发现：

Power权力型的人，天生自信，会很容易让陌生人产生信赖感，从而接受一分钟对视。

Popular社交型的人，是最善于跟陌生人打交道的人群。只是，不要过于热情。

Peace平和型和Perfect完美型的人，会有很多内心的想法，他们需要更多的时间准备如何开口。

Peace平和型的人非常关注对方的感受，所以会特别有礼貌。

Perfect 完美型的人非常注重自己表达的全面性、完整性和逻辑的严密性。这两类人都需要很多时间准备才会开口，只是准备时的关注点不同。

所以，跟陌生人讲话，是非常好的方法，它能帮助你提升自信心，让你学会充分表达真实自我。

在我们跟陌生人对视的时候，会遇到很多意想不到的事情。有些人对你的邀请会热情回应，有些人会拒绝。我们要带着觉察，观察自己在面对不同人的时候，内心产生了什么样的想法，或者出现了什么情绪。

在看到对方给我们的 3 个关于性格的形容词的时候，或者听到对方给我们反馈的时候，我们继续觉察产生了什么想法或者情绪。

我们会发现很多自己之前忽略的部分，会对自己有更多的认识。并且从别人的反馈当中，看到别人眼中的自己。

看到未知的自己

这也让我想到了乔哈里之窗，它分为4个象限：

公开区（Open Area）：自己知道、别人也知道的资讯。例如：你的名字、发色，以及你有一只宠物狗的事实等。

隐藏区（Hidden Area）：自己知道、别人不知道的秘密。例如：你的秘密、希望、心愿，以及你的好恶等。

盲区（Blind Spot）：自己不知道、别人却知道的盲点。例如：你的处事方式，别人对你的感受等。

封闭区（Unknown Area）：自己和别人都不知道的资讯。未知区是尚待挖掘的黑洞，它对其他区域有潜在影响。

在寻找陌生人、跟陌生人对视、听陌生人的反馈这整个过程中，我们都会在乔哈里之窗的4个象限有很多的觉察。

在我最开始做一分钟面对面练习的时候，很多人给我的性格的形容词都是"坚定"。看到500个人左右的时候，几乎每

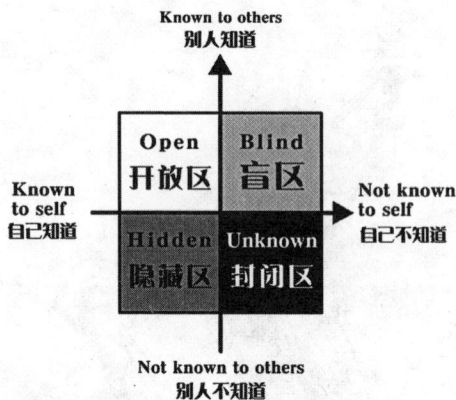

乔哈里之窗（The Johari Window）

个人给我的性格形容词都是"温柔"或者类似的形容词。看到1 000个一直到现在我写书的过程中（目前1 400多次了），很多人给我的反馈是"平静"。别人眼中的我变了，说明什么呢？说明我的内在变了。我变了，别人眼中的我就变了，我眼中的世界也就变了。"平静"之后，还会有什么？我不知道，让我们拭目以待吧！

我不知道，看到这段文字的读者朋友们，你们现在会想什么呢？写到这里，我的想法是，一分钟面对面识人，我会一直看下去。因为这是一个通向我无限潜能的窗口，也是通往别人内心世界的窗口。

相信自己的身体感受

在与陌生人对视的时候，会有很多未知的事情发生。不论发生任何事情，要相信自己身体的感受。这种感受是一种信号。把这种感受记录下来，经过多次的练习，就会提升对自己身体的感知度，同时提升对他人的敏感度。当练习到一定的阶段，就会出现之前讲到的画面和场景。所以身体的任何感受，都是非常珍贵的数据。

记录的方式是记录身体有感受的部位，对应的情绪词或者数值。

比如我在刚开始练习的阶段，会出现头皮发麻的感受。我就记录头皮发麻。对应这个人的记录还有思虑过重或者睡眠不足。经过多次练习之后，我总结出，只要是头皮发麻，都是跟思虑过重或者睡眠不足有关。

再比如，我会感受到嗓子不舒服。对应的情绪或者经验是无法充分表达自我，或者有公众演讲的障碍。

还有，我会感受到胸口的闷、堵或者是热，对应的情绪就是压力已经到了红色的警戒线。当一分钟对视结束之后，我把对应的情绪反馈给对方，获得的反馈是几乎百分百正确。当我的反馈多次获得对方的印证之后，我就更加确认身体感受的正确性。这样我就会更加信任自己的身体。所以，通过不断感受我自己的身体，我的身体变得更敏感。目前，只要对方当下的状态是有压力，或者思绪过重，我都可以通过感知身体接收到信息。

信任自己的身体真的很重要。

及时调节能量

在练习的过程中，我跟几个人对视之后，有很不舒服的感觉。

有一个女生，她的眼神是涣散的。沟通之后，发现她的精神状态有一点问题。跟她对视后，我的身体很不舒服。

有一个男生，他的眼神是特别闪烁的。对视过程中，我就突然觉得特别恶心想吐。看完之后，竟然越来越想吐。

在练习对视的时候，因为人与人的链接会产生非常微妙的感受。当感到不舒服时，需要立刻调节自己的能量。如果在对视的时候出现这种负面的感受，我的建议是立刻终止对视，同时改变所在的环境，并且改变关注点，尽快通过呼吸调整自己的状态和情绪。停止当天的练习。第二天在不同的场所，继续进行练习。

写到这里，"一分钟面对面识人"的所有"秘密"都为大家一一展开了。如果你有耐心看到这里，你也许会觉得，好像没那么难啊。是的，我的很多学员报名参加了2天的培训，结果第一天就有人不仅可以识别性格，甚至还出现了画面。其实每个人都具备跟我一样的能力，只是有人打开了按钮，发挥了这个能力，有些人还没找到按钮的位置。希望通过不断地练习，感悟，再练习，再感悟，有人能具备甚至超过我的能力。

祝大家马到成功！

下面都是参加"一分钟面对面识人"课程学员的感受。

我和Anne相识于Dr. Paul Jeong的国际教练课程中，当时作为同声传译和助教的Anne浑身散发的活力以及睿智、机敏的个性深深地吸引着我。我很有幸在这个课程之余成为Anne的"一分钟面对面识人"的练习伙伴，她为我做了一次示范，通过这个示范她让我认识到了一个完全不同的自我，也令我对这个课程产生了进一步学习、探索的欲望。

闻悉2016年8月Anne将在上海举办她的第一次"一分钟面对面识人"的认证课程，我毫不犹豫地报名参加了。在课上，Anne系统地讲授了"识人"的原理和技术，进一步加深加强了我对这个技术的理解和运用。

作为一家外企人力资源部门的负责人，由于工作需要，每天我都要和不同的人打交道，所以我希望应用科学的方法去了解沟通对象的个性、期望以及需求，以便让沟通更有效。我将从Anne课程中掌握的技术运用到我的工作中去，从开始的不习惯、感觉时间的漫长到后来透过一分钟对视基本能掌握对方的性格特点，甚至是他们当下的情绪，这种变化让我十分欣喜。课程中讲授的工具不仅帮我在工作中快速有效地识别他人，更改善了我与他人的沟通与相处之道。

Anne的这本书主要讲述了一分钟面对面识人的技术，它能帮助我们识别对方冰山下的潜意识、信念和价值观，如果应用于外部人才招募选拔和内部人才识别，能够快速有效地找到与公司文化契合的人才。这本书为我更有效地工作提供了很大的帮助，希望它也能给更多伙伴们在HR的人才选拔、员工谈判、跨部门沟通与协作方面提供更多的启发。

第一期学员　季蓉蓉

某外企HRD

2017年5月12日

初识Anne是在她的公益课程上。其实她的公益课宣传我看到了好几次，对"一分钟面对面识人"这个话题我很感兴趣，曾经有一次我也报名了，但因为种种原因没有成行。直到这次我终于还是来了。看到Anne很惊艳，真人是比照片还美的大美女，而且整个人流露出来年轻、有活力和自信的感觉。当Anne讲到她一分钟课程的起因，100个梦想的故事时，我深深地被震撼了。现在还记得她说：当我写下我这个梦想和行动计划的时候，浑身发热，从头到脚，从脚到头。我忽然有种莫名的感动。幸运的是，我被选中做当天的demo（示范），当时真的是欢欣雀跃。和Anne对视时，带着好奇，看到她镇定的眼神，心想，她能看出来什么呢？没想到她给我的评价如此准确，最打动我的是关于我当下的状态，真的就是我一直在思考的问题。

后面她讲到理论，没想到基础竟然就是DISC，作为DISC认证讲师的我，当天就报名参加了她下一步的课程。

两天的课程下来，正如Anne承诺的那样，每个人都可以看到对方的性格。同时还有几名同学能看到对方的情绪和对未来的期待。这种感觉真是太奇妙了！没想到一分钟识人如此简单易学，这更让我坚信，作为人类，大家彼此潜意识的相互影响和每个人所具备的潜力。我的收获还远远不止于此，课程上我对于DISC又有了更深的理解和认知，更加坚定了这个工具的有效性，也获得了更立体的应用方法。同时Anne还给我们讲了VAKD、肌肉测试等工具和让自我情绪与状态稳定的方法等。

一分钟对视不是Anne的发明，她却把它研究透彻并发扬光大。这确实是个很好用的工具，不仅能用于识人、加速信任关系的建立，在各行各业都有它的用武之地。在运用的过程中，更多的挑战是个人状态的稳定，只有把自己放空，进入一种专注、静、接纳、允许的状态，才能达到准确的"识"。所以学会只是一个开始，用和练习才能真正让我们踏上自我状态提升的旅程。

我是这个工具的热爱者和受益者，感谢Anne的开发和教授，让我掌握并能使用它。也希望有更多的同道中人能够接触并使用这个工具。大家一起加油！

第三期学员　赵林

某世界500公司人力资源经理

DISC认证讲师

2017年4月23日

我，是一分钟面对面识人第三期付费课程的学员。

她，是一分钟面对面识人的老师，是我2017年的贵人。

我们是有事常联系、没事儿不联系的朋友。

原本是抱着支持朋友事业的心态买了第一期的课程，由于生活不消停，也没把这事儿太放在心上。待稍稍太平些后，便想要和她见见面。

一来琢磨着单纯吃吃喝喝太浪费时间，不如去听她讲课吧，让时间的利用率更高一些。

二来课程名字也实在是吸引人，"一分钟面对面识人"，一分钟火眼金睛辨人辨妖，对我的工作生活都大有益处，能节约我许多的黄金时间。节约下来的时间，可以让我随心所欲地躺平，这对于一个喜欢睡觉的人来说诱惑力实在是大呀。

再者我远离正经八百听课的日子已经太久了，也正好趁这机会找找课堂学习的感觉。

如此一来就赶上了第三期的课程。

两天课程，一天理论一天实操。同学8人，气场类似但性格各有不同。我们互相学习、互相帮助。

上了这个课后，才深有感知：原来这个课不是为了能做到"一眼识人""看穿他人"，更多的是指引我们如何看穿自己，认识自己，接纳自己，更爱自己。

这个强大的感知犹如一双温暖的手，将一直蒙在我眼前的雾给抹开了。通过一分钟对视，不仅可以观察到对方眼珠抖动的频率、振幅从而判断对方的性格组成（4P的占比），还会出现相关画面，感知到身体的疼痛等信息，同时更为重要的是在这个过程中可以内观自己对这些信息的反应、处理，从而坚定对自我性格的判断、剖析、接纳，也更清晰自己的目标，不纠结，更专注，更轻松，更享受。

甚至于有一天我先生略带疑惑地看着我说："Luna，你怎么好像突然年轻了很多呢?"我笑着回答他说："可能是因为少了内耗吧。"

这种内耗来自对自我认知的摇摆、不确定，来自对目标的摇摆、不确定。为什么有的人看上去比同龄人苍老、疲惫呢?可能就是因为身体内在的纠结、自我打架而产生内耗的原因吧。

爱，也是一分钟识人课程的主旋律之一。爱自己，爱他人，用爱来化解心中的矛盾、愤怒或不满，用爱反馈给他人，再得到爱。

有了"爱"的指引、"爱"的包围，才让"一分钟面对面识人"这门课程不局限于"识人技能"的教授，不同于其他性格分析的课程，有了自己的特色；让听课者能收获更正面的自我认知，得到正面的反馈；提高了爱自己及爱他人的能力。

所以 Anne 是我的贵人，她教会我的不仅仅是看他人的技能，更多的是看自己的技能；也让我看到、感受到爱的力量。

谢谢你，Anne，我的贵人!

第三期学员　Luna

某世界500强公司商务部负责人

2017年5月13日

记得第一次接触 Anne Wang 的课程是在 2017 年 4 月 2 日，当天 Anne 导师把原本两天的课程压缩成 12 个小时上完，我还清楚地记得当天我们 19 位学员，所有人都可以看出对方的性格特征，有 5 位能感觉到对方的情绪压力，3 位能看到原生家庭，3 位出现了画面，2 位看到了对未来的期待。当天我只能看到画面，而且特别的模糊。

我是好奇心特别强的，我想试试，能看到对未来的期待是一种怎样的感受，能看到清晰完整的画面是一种怎样的体验。我开始尝试与陌生人进行一分钟对视，大部分人是拒绝的。

到现在为止，我看过的人也达到了147位，离150人只差3个。有的时候切实感觉到了自己的瓶颈。

在公园的外拓中我遇见了她。那时我正在寻找对视目标，像极了一只正在狩猎的野兽，我渴望突破，似着了魔。我一步一步走近她，她那时坐在石椅上，一袭雪白的长裙，我开始观察她的"容"与"貌"，也许是习惯使然，我总喜欢从外表打量对方，我在她身旁缓缓坐下。

"你好。"

"你好。"

"能做个简单的测试吗？"

"什么测试？"

"我们对视一分钟，然后我说出你是怎样的人，然后说出你的缺点和你对未来的定位。"

"这么神奇？可以。"

然后我们就对视了。

我第一次感觉到一分钟是如此漫长，她的眼睛是如此清澈明亮，但是我却感觉到她竟如此楚楚可怜，我看到一个小女孩儿，蹲坐在墙边。我多想抱住她，我的眼泪开始在眼眶里盘旋。

之后我说出了她的性格、她的压力、她的家庭、她的渴望。我知道我遇到了对的人，这种感觉很奇妙。我付出了力所能及的，希望能打动她。

我们在一起了，顺其自然。我本是一个粗心的人，但是她却说是我的细心打动了她。我也在琢磨，我的细心什么时候充斥了我的身体、我的一举一动？改变，从我开始和第一个陌生人对视的时候就发生了，我开始注意细节，开始留意对方的举措，开始用心感受对方的情绪变化，它带给我自信和穿透力。

"一分钟面对面识人"可以改变一个人的本质，让人懂得坚持。在你面对面看别人的同时，其实你也在看自己，你是对方的镜子，对方也是你的镜子，两面镜子之间是你们心灵的交汇，是可以无限放射投影的。

就是这一分钟，我找到了我的真爱。

目前我打算继续识人，直到达到500人，我会继续向Anne导师学习，做到每一天都在改变。

其实，改变自己真的很容易。有一盏明灯给我们指引方向，何乐而不为？

快哉，快哉！吾心似铜镜，吾心坚如铁。

第四期学员 李梓豪
上海全融信息科技有限公司的反假培训师
2017 年 7 月 20 日

和Anne姐相识于2016年11月份，第一次见Anne姐，我就被她的气场感染，气质折服。在我的眼中，Anne姐是一个行动力非常强的人。听到Anne姐的书就要出版的消息，很为她开心。一分钟面对面识人真的很神奇，Anne姐让我能更深地了解自我。而且Anne姐不是只给我提出了问题所在，还给了我改进的建议，督促我执行。感恩Anne姐带领我找到了更好的自己。

Iris Yuan(苑博峰)
中科院博士在读

附　录 *

4P 测评

请选择最适合自己的答案：

No 序号	Questions 问题	1 甲	2 乙	3 丙	4 丁
1	I love... 我喜欢……	to take the lead 做领头的	to try new things 尝试新事情	to help out others 帮助别人	to do things correctly 正确地处理好事情
2	My room looks... 我的房间是……	open 开放的	messy 凌乱的	like being my own space 属于我的空间	very tidy 非常干净的
3	I believe rules should... 我认为规则应该是……	be examined 被检验的	be distasted 讨厌的	be secure 安全的	be fair 公平的

* 本测评来自 Paul Jeong 博士的教练技术课程。

（续表）

No 序号	Questions 问题	1 甲	2 乙	3 丙	4 丁
4	When with other people, I... 和别人在一起时，我……	shoulder most of the responsibility 承担大部分责任	do most of the talk 大多在说话	tend to help out people 大多在帮忙	tend to listen more 大多在聆听
5	When working, I... 做事情的时候，我……	want to finish it as soon as possible 希望赶紧完成	often procrastinate 经常等很长时间	want to work with others 希望和别人一起做	want to do it well 希望做好
6	I want to... 我想……	do/what I choose to do 做自己选择的事	become one of the playmates 成为玩伴的一员	do what makes others happy 做让别人感到快乐的事	do what I have ever heard 做我曾听到的事
7	I want to learn from 我想从……中学习	leading other people 领导他人	being an ordinary member in the team 成为团队的普通一员	being a helper 帮助别人	be the top one 成为第一

（续表）

No 序号	Questions 问题	1 甲	2 乙	3 丙	4 丁
8	Usually I am... 我常常……	impatient 不耐烦	undisciplined 散漫	patient 忍耐	thinking a lot 思考
9	I am very... 我非常……	eager to win 争强好胜	talkative 啰嗦	easygoing 亲切	cautious/detailed 小心/细心
10	New thing would take me 对于新事物，我……	to imagine 在脑中想象	to commit immediately 立即投入	to observe it for a while 再观察一段时间	to question it 会发问
11	Others think of me as... 别人觉得我是……	serious 严肃的	adventurous 爱冒险的	calm 沉着的	cautious 慎重的
12	My family tells me to... 家人告诉我……	slow down 放慢速度	listen attentively 更细心聆听	seize the time 抓紧时间	try this, you will be satisfied! "试试吧！你会满意的"

（续表）

No 序号	Questions 问题	1 甲	2 乙	3 丙	4 丁
13	I dislike... 我讨厌……	being commanded by others 听到别人的指使	repeating the same things 重复做同样的事	the sudden changes 突发性的变化	making mistakes 失误
14	If things do not go my way, I would... 如果事情不如愿，我会……	get angry 上火	become moody 心情不好	become sad 伤心	become quiet 安静
15	What I have initiated would finish... 自己开头的事情，会在……时完成	when necessarily 必要的情况下	at times 偶尔	in recent time 近期	on time 按时
16	I do not like when people... 我不喜欢别人……	take away things from me 从我这里抢走什么	ignore me 无视我	is impolite to me 不讲礼貌	think that I am wrong 认为我是错的

（续表）

No 序号	Questions 问题	1甲	2乙	3丙	4丁
17	I am very… 我非常……	arrogant 傲慢	forgetful 容易忘记	hesitant 犹豫不决	argumentative 吵闹
18	I would voice my opinion in some situation… 对于某些事情，我会……说话	according to my mood 根据自己的心情	so as to make others laugh 为了让别人笑	so as to make others happy 为了让别人的心情好	after consideration 先思考之后
19	When I want to gain something… 当我希望得到什么的时候	I will make efforts to gain it 我会为了得到而付出	I will ask for it 我会索求	I will save to get it 我会为了得到而储蓄	I will plan to get it 我会为了得到而计划
	Total 总数				

To add up your scores in each grid vertically, and mark it accordingly in the following form, and draw up the four marks to make a wave, so the highest mark would tell your preference in behavior with regards to your personality.

把测评表 4 个选项下方的总数标在下表相应的数字上，然后把这些数字连成一条曲线。在表格里曲线位置最高的就是你的类型。

例如，某人分数为：D（甲）3，I（乙）7，S（丙）5，C（丁）4，则曲线如下：

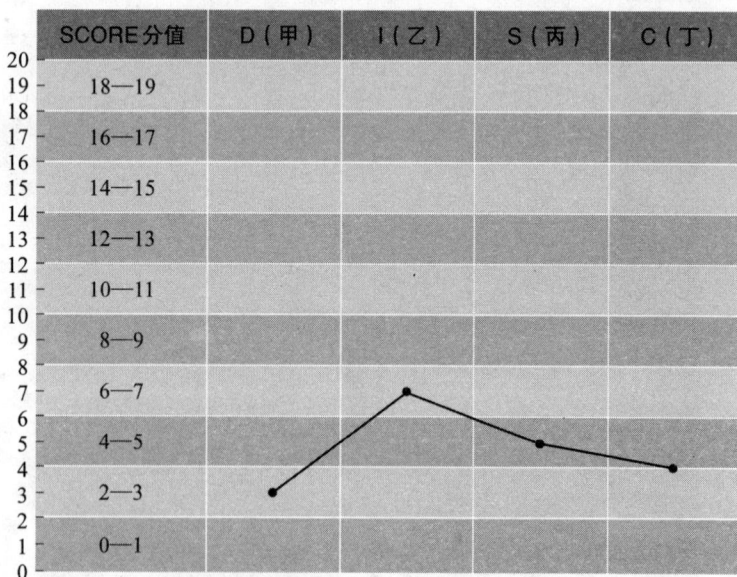

SCORE分值	D（甲）	I（乙）	S（丙）	C（丁）
18—19				
16—17				
14—15				
12—13				
10—11				
8—9				
6—7				
4—5				
2—3				
0—1				

后　记

老祖宗说过一句话："修身，齐家，治国，平天下。"(《礼记·大学》)"一分钟面对面识人"这项技术是通过了解他人，反观自己，其实就是"修身"。当我们放下思维，打开心，打开身体，我们就开始步入觉醒之路。

世界是一面镜子。看了这么多人，得到那么多反馈，接收到那么多人给你的3个性格方面的形容词，通过这么多信息，我们就能通过"他人"这面"镜子"反观自己。

回想从2016年3月到现在，我真的彻底改变了我的生活。每天我都好感恩。

感谢参加教练技术的课程，有幸跟Paul Jeong博士学习，为他翻译。感谢我的教练同学们邀请我去他们的公司和他们朋友的公司练习一分钟面对面识人。感谢这1 400多位跟我对视的朋友们。感谢插画师张浩精美并且生动的画作。感谢交大出版社的编辑汪俪。除了她给出的专业建议，我还要特别感谢她推荐了我一本书《EMDR：基本原理、范本及程序》(PE学富文化事业有限公司)。

我发现这本书也是研究眼球抖动的，跟我的研究非常接近。

这本书的作者 Francine Shapiro 博士是在公园散步的时候发现了这项技术，并且在 6 个月内为 70 多人做实验取得了成功，之后也出书了。这跟我的经历很相似。更让我欣喜的是，EMDR 技术目前已被英国卫生部、美国心理协会、国际创伤压力研究协会和世界卫生组织 WHO 评价为对 PTSD（创伤后压力症候群）具有治疗效力。看完这本书，我也期待，我的"一分钟面对面识人"技术能得到国际专业机构的认可。我也期待，因为我对人类的杰出贡献，有一天我真的会接受美国总统的颁奖，实现我的梦想。

我还要感谢帮我校对、给我的书稿提建议的朋友们。感谢封面相片的摄影师 Echo（新浪微博 @EchoPhoto）。感谢封面相片造型师丹妮（霓语个人形象设计）。感谢参加沙龙和课程的学员们。感谢邀请我去公司担任 HR 参加招聘工作的朋友。感谢帮我的书写序言和学员心声的各位朋友。感谢对我信任的朋友们，你们的期待和鼓励给了我最大的力量，让我可以坚持走到今天。

从 2016 年 3 月开始第一个对视，到 2017 年 2 月全部完成 1 000 个对视；从 2016 年 10 月写书，到 2017 年 4 月

底正式完成，一年的时间过去了。回顾过去，我见证了100个梦想、100个行动计划的魅力，它真的彻底改变了我的生活。

现在，我又开始了新的计划：

（1）邀请100位朋友，也完成100个梦想和100个行动计划，并且写下感悟，然后集结成册。如果读到这里，你也有兴趣加入，请快点联系我！这本书将依然由上海交通大学出版社出版。

我的邮箱是oneminutepeoplereading@gmail.com

目前已经有几位朋友开始了他们的行动计划。

（2）"一分钟面对面识人"的系列包括4本：面试、销售、相亲、亲子教育。后续图书敬请期待。

有一个教练问我：为什么每天都这么开心、有热情？我答：人的一生很短，我要探索我还有什么潜能有待发挥。我不怕失败，我不想因为没有尝试而后悔。

幸运的是，我尝试了。我不能说我成功了，但至少可以说我发挥了我以前不曾看到的潜力。我可以做到。要不你也试试？